Peter K.
Köhler

HEIL GEBETE

für viele Krankheitsbilder
und gegen den Streß des Alltags

Peter K.
Köhler

HEIL GEBETE

für viele Krankheitsbilder
und gegen den Streß des Alltags

Sankt Ulrich Verlag

Für meine Mutter,
die um die Kraft des Gebets wusste

Bibliographische Information der Deutschen Bibliothek

Die Deutsche Bibliothek verzeichnet diese Publikation in der Deutschen Nationalbibliographie; detaillierte bibliographische Daten sind im Internet über http://dnb.ddb.de abrufbar.

Titelbild: fotolia
Umschlaggestaltung: uv media werbeagentur
Mediengruppe Sankt Ulrich Verlag, Augsburg
Druck und Bindung: Ludwig Auer GmbH, Donauwörth
Printed in Germany
ISBN 978-3-86744-147-6
www.sankt-ulrich-verlag.de

INHALT

Vorwort

Wer krank ist, braucht einen Arzt. Daran kann und will auch dieses Buch nichts ändern. Es will allerdings auffordern, Mut machen, sich aktiv in den Heilungsprozess einzuschalten. Wo ein Wille, da ist auch ein Weg. Diese einfache Volksweisheit stimmt nicht in jedem Fall, aber sehr oft, wenn Seele oder Körper krank sind, nicht mehr „richtig funktionieren". Es wird jeder Arzt bestätigen, daß seine Kunst und die Kraft der Medikamente schlechter wirken, wenn der Patient nicht mitmacht oder sich gegen die Behandlung sträubt.

Andererseits berichten Ärzte immer wieder von Heilungen, für die sie keine wissenschaftliche Erklärung finden. Patienten, die sich voll Zuversicht in die Behandlung begeben, die eine unbändige Kraft zum Leben entwickeln und Anteil nehmen an ihrer Gesundung, kommen wieder auf die Beine. Ärzte bestätigen, daß Patienten deutlich schneller gesunden, wenn sie – soweit dies möglich und verantwortbar ist – vom Behandelten zum Handelnden werden: Wenn sie also all das selber tun, was ihnen möglich ist, anstatt sich bedienen zu lassen. Wenn sie es schaffen, sich über jeden noch so kleinen Fortschritt in der Heilung zu freuen und dies als Ansporn nehmen, anstatt in Verzweiflung, Angst und Passivität zu versinken.

Doch woher soll man die Kräfte nehmen, die man braucht, um eine Krankheit auszuhalten und zu überwinden? Glaube und Gebet sind solche starken Kräfte.

Sie geben die Gewißheit, daß wir niemals allein sind. Gott hört uns auch in der tiefsten Verzweiflung, ihm können wir unsere dunkelsten Gedanken, unsere Ängste und Sorgen, unseren Zorn über die Krankheit anvertrauen.

Im Gebet steckt eine ungeheure Kraft. Wenn wir beten, schaffen wir Gott Raum in unserem Leben und Leiden. Wir kommen zur Ruhe, beschäftigen uns mit dem, was uns bedrückt, denken nach über unsere Zukunft und erinnern uns an die Zeit, die hinter uns liegt. In diesem Sinne kann Krankheit Chance sein, neu über die Mitte und den Sinn des eigenen Lebens nachzudenken.

Wer im Glauben seine Lebensmitte gefunden hat, dem wächst die Kraft zu, Krankheit nicht nur zu ertragen, sondern sich damit auseinanderzusetzen und sein Leben trotz mancher Einschränkung als Geschenk zu begreifen, das es zu erhalten gilt. Im Gebet kann man die Kraft finden, die man braucht, um Ruhe und Heilung zu erlangen.

Daß ich heute, über 30 Jahre nach einer Krebserkrankung, voller Kraft lebe und arbeite, verdanke ich auch unzähligen Gebeten. Sie weckten die mutmachenden und lebenserhaltenden Kräfte und erhielten sie auch, wenn Schmerz und Mutlosigkeit mir den Atem nahmen. Diese froh machende Erfahrung wünsche ich allen, ob sie selber beten oder von anderen im Gebet getragen werden.

Peter K. Köhler

Heilen mit der Kraft des Gebets

Beten, die intime Zwiesprache mit Gott, ist auch ein Hineinhören in sein Innerstes, ein Dialog mit der eigenen Seele. Dieser Dialog geschieht in der Regel sehr intensiv, voller Sammlung und Konzentration. Und eben darin steckt sein ungeheures Potential, die Selbstheilungskräfte des Körpers zu wecken.

Die rasant fortschreitende medizinische Forschung, neue Formen ärztlicher Kunst und das immer größer werdende Angebot an Medikamenten gegen so ziemlich jede Krankheit ließen das Wissen um die heilende Kraft des Gebets immer mehr verschwinden. Es ist ja auch zu verführerisch, bei Kopfschmerzen einfach eine Packung Aspirin aus der nächsten Apotheke zu holen und sich damit innerhalb weniger Minuten schmerzfrei zu machen.

Die Ursache des Schmerzes ist damit allerdings noch lange nicht beseitigt. Das Medikament hat lediglich irgend etwas mit dem Körper gemacht, durch das der Schmerz unterdrückt wurde. Läßt die Wirkung des Mittels nach, kehren nur allzu oft die Beschwerden wieder. Die Folge: Man greift wieder und wieder zu den chemischen Helfern, braucht sie bald immer öfter.

Wirkliche Heilung dagegen braucht mehr. Dazu kann beispielsweise die notwendige Operation gehören oder eine andere Therapie, die einen Krankheitsherd beseitigt. Aber auch nach einer solchen Behandlung ist der Körper noch lange nicht gesund. Er muß erst wieder in sein natürliches Gleichgewicht zurückfinden. Wunden müssen ausheilen und vernarben, die Aufgaben der herausgeschnittenen Gewebe müssen umverteilt und neu organisiert, verlorene Körpersubstanz nachgebildet werden.

Erst dann, wenn alles wieder im Lot ist, ein endgültiger Zustand nach der Krankheit erreicht ist, kann man sagen, daß der Patient gesund geworden ist. Das dauert oft sehr viel länger, als man Schmerzen verspürt oder mit Schwäche geschlagen ist.

Eines wird dabei leider viel zu oft vergessen: Wer wirklich gesund werden (oder bleiben) will, muß seinen Körper so akzeptieren, wie er durch sein Alter, die Krankheit oder die Behandlung geworden ist: Ein Stückchen weniger vollkommen oder leistungsfähig, ein bißchen anfälliger und gebrechlicher. Und wer es nicht schafft, die Krankheit selber anzunehmen, sich ihr zu stellen, der wird es auch nicht schaffen, sie im Gebet vor Gott zu tragen.

Krankheit und Gebrechen annehmen heißt zuerst, sie der Allmacht Gottes zu unterstellen, in dessen Hand es liegt, uns von ihr zu befreien oder nicht, der uns die Kraft geben kann, sie auszuhalten, solange sie andauert. Es bedeutet auch, Heilung in einer ganz anderen, neuen Form zu verstehen, nämlich als eine Versöhnung mit dem Leiden und dem hoffnungsfrohen Tragen des Schicksals, das mich schließlich auf Gott hinführt.

Ich halte es für bedenklich, zumindest aber übertrieben, wenn man hinter jeder Krankheit einen „Fingerzeig“ Gottes vermutet, der einen zu Umkehr oder zumindest einer Änderung seines Lebensweges ermahnen soll. Die Interpretationen, die vor allem aus einigen momentan so beliebten esoterischen Schulen angeboten werden, klingen allerdings sehr einfach und häufig einleuchtend, doch glaube ich, daß Gott sehr viel individuellere Wege nutzt, wenn er uns etwas sagen will.

Sein Leid vor Gott bringen heißt auch, zu akzeptieren, in welcher Weise er unsere Gebete erhört. Wenn man zu innerer Ruhe und Ausgeglichenheit findet, wenn man aufhören kann, mit seinem Schicksal zu hadern, wenn die Frage: „Warum ausgerechnet ich?“ bedeutungslos wird, wenn man lernt, mit Schmerzen, Einschränkungen oder auch der Aussicht auf den bevorstehenden Tod zu leben, dann hat man Kraft, Zuversicht, Klugheit und vor allem den Glauben geschenkt bekommen, der es möglich macht, Körper, Geist und Seele, also sein Leben in Gottes Hand zurückzulegen.

Das heißt aber keineswegs, daß ich mich vernachlässigen sollte, denn durch das Zurückgeben meines Lebens an Gott habe ich keineswegs die Verantwortung dafür mit zurückgereicht. Im Gegenteil, ich erfahre es ganz neu als Gabe, die ich ehren und heiligen soll. Daher sind auch sorgfältige Körperpflege, gesunde Ernährung und – so vom Arzt erlaubt – maßvolles Trainieren aller Körperfunktionen unverzichtbar, um die Chance auf körperliche Heilung zu wahren.

Körper und Seele bilden bekanntlich eine Einheit. Und wenn die Seele, der Wille gegen den Körper kämpft, anstatt mit ihm, dann kann die Heilung kaum oder gar nicht voranschreiten.

Auch ein kranker, müder, ausgelaugter Leib ist ein Gottesgeschenk, mit dem wir verantwortungsbewußt umgehen sollten. Ihn in seiner Unvollkommenheit zu akzeptieren heißt, ihn anzunehmen, mit ihm arbeiten, seine verbliebenen Kräfte und Fähigkeiten zu nutzen.

Wer dagegen seinen Körper mit Verachtung straft, ihn malträtiert und ihm ständig zuviel abverlangt, muß sich nicht wundern, daß er irgendwann nicht mehr richtig arbeiten kann. Wer ein Auto fährt,weiß ganz selbstverständlich, daß er regelmäßig Öl, Benzin und Wasser nachfüllen, bei der Inspektion nach verborgenen Mängeln suchen lassen muß, um Schäden möglichst von vornherein zu vermeiden. Doch was für das Auto recht ist, gönnen viele Menschen ihrem Körper nicht: Ausspannen, zur Ruhe kommen, neue Kräfte schöpfen.

Im Gebet – in diesem Punkt gleichen sich übrigens alle Religionen auf der Welt – dagegen macht man sich frei von den echten und vermeintlichen Zwängen, die unser Leben oft so vollkommen bestimmen. Das Beten erlaubt es, sich zu konzentrieren, zu entspannen und in sich hineinzuhören. Allein dadurch kann man bereits den Keim zur Heilung gelegt haben. Im Gebet, in diesem lebendigen Gespräch mit Gott und unserer Seele, entsteht der Glaube an die Heilung. Das regelmäßige Gebet läßt diesen Glauben immer mächtiger werden und schließlich die Kräfte der Krankheit überwinden. Das erfahren tagtäglich viele Menschen.

Wie kann man beten?

Verwenden Sie dieses Buch nicht wie eine Apotheke. Nehmen Sie es vielmehr als Anregung und entwickeln Sie eigene Gebete, die sich ganz speziellauf Ihre Situation, auf Ihre Ängste, Sorgen und Beschwerden beziehen. Im Rahmen dieses Buches mußten die Gebetstexte zwangsläufig ziemlich allgemein gehalten werden, damit möglichst viele Leser mit ihnen etwas anfangen können.

Schreiben sie am besten Ihr Gebet auf, einerlei, ob Sie es aus dem Buch übernehmen oder mit Ihren eigenen Worten formulieren. Auf diese Weise prägen Sie sich den Text bereits recht gut ein.

Nehmen Sie den Zettel oder das Heft, auf dem das Gebet steht, überall hin mit, so daß Sie es ständig griffbereit haben. Lesen Sie das Gebet am besten dreimal täglich, sprechen Sie es im Geist nach, lassen Sie die Worte und Gedanken über längere Zeit auf sich wirken.

Es empfiehlt sich, wenn Sie zwischen den einzelnen Zeilen jeweils einige Sekunden Pause machen. Sehr bald werden Sie das Gebet auswendig können und brauchen den Zettel nicht mehr.

Setzen oder legen Sie sich dann – soweit es ihr Zustand erlaubt – möglichst entspannt hin, schließen Sie die Augen und meditieren Sie das Gebet. Das heißt, lassen Sie den Text Wort für Wort in ihren Gedanken auftauchen. Wehren Sie sich nicht, wenn während der Meditation Bilder vor ihrem inneren Auge auftauchen, sondern versuchen Sie im Gegenteil, die einzelnen Passagen des Gebetes mit bestimmten Bildern zu verbinden. Das Schließen der Augen und das Falten der Hände sind nicht unbedingt notwendig, doch erleichtern sie die Konzentration ganz wesentlich. Zwar ist es grundsätzlich einfacher, wenn man in Ruhe und Abgeschiedenheit sein Gebet meditieren kann, doch kann man es durchaus auch in der Mittagspause am Arbeitsplatz oder an anderen Stellen tun, an denen man sich gerade aufhält. Reservieren Sie sich dafür aber mindestens fünf Minuten Zeit, in denen Sie in den Augen anderer Menschen scheinbar ein kurzes Nickerchen machen.

Zum Schluß noch ein paar Tips, die besonders solchen Menschen helfen können, für die Gebet und Meditation ungewohnt sind: Erwarten Sie sich keine Wunder oder sofort spürbare Ereignisse durch ihr meditatives Gebet. Es ist ganz normal, wenn man am Anfang überhaupt nichts spürt und fühlt. Es dauert eine gewisse Zeit, bis Seele, Geist und Körper Ihre neue Einstellung zur Krankheit verinnerlicht haben und sich auf eine vollkommen neue Weise damit auseinandersetzen.

Seien Sie daher auch nicht ungeduldig, wenn es ihnen zunächst schwerfällt, sich auf das Gebet zu konzentrieren und Ruhe zu finden. Meditation bedarf des Lernens und vor allem der regelmäßigen Übung. Man muß es erst einmal lernen, sich fallen zu lassen, abzuschalten und nicht immer zielgerichtet zu denken.

Wenn es einmal absolut nicht klappen will mit der Meditation, dann geben Sie nach und versuchen Sie nicht, etwas zu erzwingen (es wird Ihnen nicht gelingen). Erledigen Sie all die Dinge, die sie gerade beschäftigen und von der Konzentration abhalten oder schreiben Sie sie auf, um nichts zu vergessen. Versuchen Sie die Meditation anschließend noch einmal und sie werden meist feststellen, daß es jetzt „funktioniert".

Langsam, zunächst fast unmerklich, wird sich dann im Lauf von Tagen und Wochen ihre Grundstimmung verändern. Ihre Gedanken kreisen nicht mehr ständig um ihre Krankheit, sondern richten sich auf Ihre Heilung. Sie programmieren sozusagen ihre Seele und ihren Willen um und machen so den Weg frei für die Selbstheilungskräfte, über die Ihr Körper auch dann verfügt, wenn er schwerkrank und scheinbar vollkommen ausgelaugt ist.

ALLGEMEIN-ERKRANKUNGEN

Allergien

Unser Körper verfügt über verschiedene hochwirksame Schutzmechanismen, um sich gegen eindringende Krankheitserreger, sowie Schadund Giftstoffe zu wehren. Dieses Immun- oder Abwehrsystem reagiert äußerst empfindlich auf alle Substanzen, die dem Körper fremd sind. Ein zweites System verhindert normalerweise, daß ungefährliche oder lebensnotwendige Stoffe, aber auch beispielsweise unsere lebensnotwendigen Darmbakterien von der körpereigenen Abwehr angegriffen, zerstört und beseitigt werden. Beide Systeme stehen normalerweise in einem exakt ausbalancierten Gleichgewicht zueinander.

Dieses sehr empfindliche Gleichgewicht kann sehr leicht gestört werden. In den letzten Jahrzehnten stieg die Zahl der Menschen ganz rapide an, bei denen die Balance beider Systeme gestört ist. Die Folge dieser Störung des Immunsystems sind allergische Erkrankungen, Überreaktionen der Abwehr. Die Krankheitszeichen einer Allergie können von einem harmlosen, aber lästigen Hautausschlag oder einem äußerst unangenehmen Heuschnupfen bis hin zu lebensgefährlichen Schocks reichen. Vermutlich können sämtliche Organe des Körpers von Allergien betroffen werden.

Die immense Zunahme an allergiekranken Menschen dürfte ihre Ursache vermutlich unter anderem in der zunehmenden Verschmutzung unserer Umwelt und in der ständig größer werdenden Zahl an chemischen Substanzen haben, mit denen wir im täglichen Leben in Berührung kommen. War in früheren Jahrzehnten nur etwa eines von hundert neugeborenen Kindern allergiekrank, so ist es heute jedes dritte bis vierte Kind.

Das hochempfindliche Immunsystem reagiert bei vielen Menschen allerdings nicht nur auf Krankheitskeime oder Gifte, sondern auch auf seelische Erschütterungen. Auslöser allergischer Erkrankungen sind häufig Streß, Partnerschaftskonflikte, Ärger und Angst.

Medikamente, die gegen Allergien eingesetzt werden, haben oft sehr große Nebenwirkungen und sollten daher nur genommen werden, wenn es wirklich unvermeidlich ist. Doch auch sie können nur die Symptome der Allergie, also beispielsweise das Jucken und Brennen der Haut, zum Verschwinden bringen. Die eigentliche Ursache, die Überempfindlichkeit des Immunsystems, beseitigen sie allerdings nicht.

Gerade Allergien gehören zu den Krankheiten, gegen die man die Selbstheilungskräfte des Körpers sehr erfolgreich einsetzen kann. Oft kommt es zu einer vollkommenen Heilung, fast immer aber lassen sich die Symptome deutlich bessern – und dies garantiert ohne Nebenwirkungen.

Wie bei vielen anderen Krankheiten ist es auch bei Allergien hilfreich, wenn man Autogenes Training oder Yoga erlernt, die man gezielt gegen die Krankheit einsetzen kann. Bei der Meditation von Heilgebeten ist es besonders erfolgversprechend, sich eine bildliche Vorstellung des gesunden Zustandes zu machen: Stellen Sie sich während der Meditation ihre Haut so vor, wie sie außerhalb der Krankheitszeiten normalerweise aussieht. Auch diese bildhaft meditierte Vorstellung dringt nach und nach bis in ihr Unterbewußtsein vor und fördert den Heilungsprozess.

Gebet

Ich weiß nicht, mein Gott,
was mit mir los ist.
Mein Körper kämpft gegen
einen unsichtbaren Feind.
Er kämpft so heftig, dass auch ich
darunter leide: Es juckt ganz furchtbar,
die Haut ist von Ausschlag bedeckt,
die Augen sind verschwollen
und die Nase ist verstopft.
Bitte hilf mir, Vater.
Laß mich erkennen,
warum die Allergie mich quält,
damit ich weiß, wovor ich mich hüten muß
und wie ich mich gegen die Krankheit
wappnen kann. Hilf Du mir,
meine Abwehr wieder so weit zu beruhigen,
daß sie normal funktioniert
und mich vor Krankheiten bewahrt,
anstatt mich krank zu machen.
Meine Haut, die Augen und die Nase
werden wieder gesund, die Schmerzen
und das Krankheitsgefühl vergehen.
Ich lerne, den allergischen Reizen
zu widerstehen, die meine Seele
oder meinen Körper treffen wollen.
Die Haut meines Körpers
und meiner Seele wird dicker
und unempfindlicher
und dafür, mein Gott, danke ich Dir.

Altersbeschwerden

Mit zunehmendem Alter häufen sich die kleineren und größeren Wehwehchen und Beschwerden, die einem das Leben zur Hölle machen können – wenn man es zuläßt. Ganz sicher ist das Älterwerden gekennzeichnet von den vielfältigsten Abbauprozessen an Körper und Geist. Darüber kann man verzagen, darüber kann man zornig und verbittert werden, dagegen kann man ankämpfen, aber aufhalten kann man das Altern nicht.

Es ist ein dynamischer, aufregender und spannender Vorgang, bei dem man es sich nicht nehmen lassen sollte, aktiv mitzuwirken. Das Alter und der unweigerlich kommende Tod sind ja keineswegs die Endstationen des Lebens. Altern ist das Reifen, das Wachsen und die Vorbereitung auf die Heimkehr zum Schöpfer.

In der Heiligen Schrift wird von mehreren Menschen berichtet, die ein „biblisches Alter" erreichten, weil sie sich bewußt unter die Gnade Gottes gestellt hatten. Es waren Menschen wie Abraham, die sich bedingungslos Gott anvertrauten, auch dann, wenn es nach menschlichen Maßstäben sinnlos, gefährlich oder gar – man denke an die Bereitschaft, den eigenen Sohn Isaak zu opfern – unmenschlich und wider göttliches Gebot zu sein schien. In allen Kulturkreisen erleben alte Menschen eine Achtung, weil sie als weise, gerecht, abgeklärt und besonders gesegnet gelten. Auch wenn sie den Jungen körperlich unterlegen sind, führen sie doch ihre Völker, weil ihre Lebenserfahrung mehr gilt als körperliche Leistungsfähigkeit.

Im Altwerden und Altsein stecken ungeahnte Chancen und Möglichkeiten. Man ist nicht mehr so streng gebunden an Arbeitszeiten, an Verpflichtungen gegenüber der Familie und anderen Menschen. Niemand schreibt einem vor, wann man was zu tun hat. Man kann sich vielmehr endlich seine Zeit selber einteilen und das leichter tun, was man gerne möchte, als das früher der Fall war. Jetzt hat man auch Zeit, zurückzuschauen, sich mit Dingen zu befassen, zu denen man früher nicht gekommen ist und die man aber gern getan hätte.

Nur wer sich gehen läßt, wer verzweifelt und gegen das Alter ankämpft, anstatt es als natürlichen und gottgegebenen Abschnitt des Lebens zu akzeptieren, wird wirklich alt – im negativen Sinne. Wer dagegen erkennt, daß er aufgrund seiner ganz persönlichen, einmaligen Lebensgeschichte, seiner Erfahrungen und seines Wissens ein ungeheures Potential an geistiger und schöpferischer Energie in sich hat und es auch nutzt, der wird das Alter als die Zeit erleben, in der er ernten kann, was er im Laufe seines Lebens an Wissen, Erfahrung, Fertigkeiten und Gefühlen angesammelt hat.

Wer Pläne und Ideen entwickelt und zu verwirklichen sucht, für den ist auch das Altern ein Vorgang, der froh und hoffnungsvoll stimmt, auch wenn Geist und Körper nach und nach immer größeren Einschränkungen unterliegen.

Gebet

Gott, mein Herr, ich bin alt geworden
und spüre jeden Tag mehr,
wie meine Kräfte weiter nachlassen,
wie es immer beschwerlicher
und schmerzhafter wird zu gehen,
zu stehen, zu sitzen, ja sogar zu liegen.

Ich merke, dass auch
meine geistigen Kräfte nachlassen,
dass ich vergesslich werde.
Meine Haut ist runzlig
und schlaff geworden,
die Haare grau.
Meine Tage sind einsamer,
viele, die ich kannte,
leben bereits nicht mehr.

Die Zeit
will manchmal gar nicht weitergehen,
schlaflos liege ich
manche unsagbar lange Nacht im Bett,
gequält von bösen Gedanken
und Erinnerungen,
und vor Furcht vor dem Tod.

Vater, ich weiß,
dass meine Zeit hier langsam zu Ende geht
und dass die Einsamkeit eher größer wird
als kleiner.

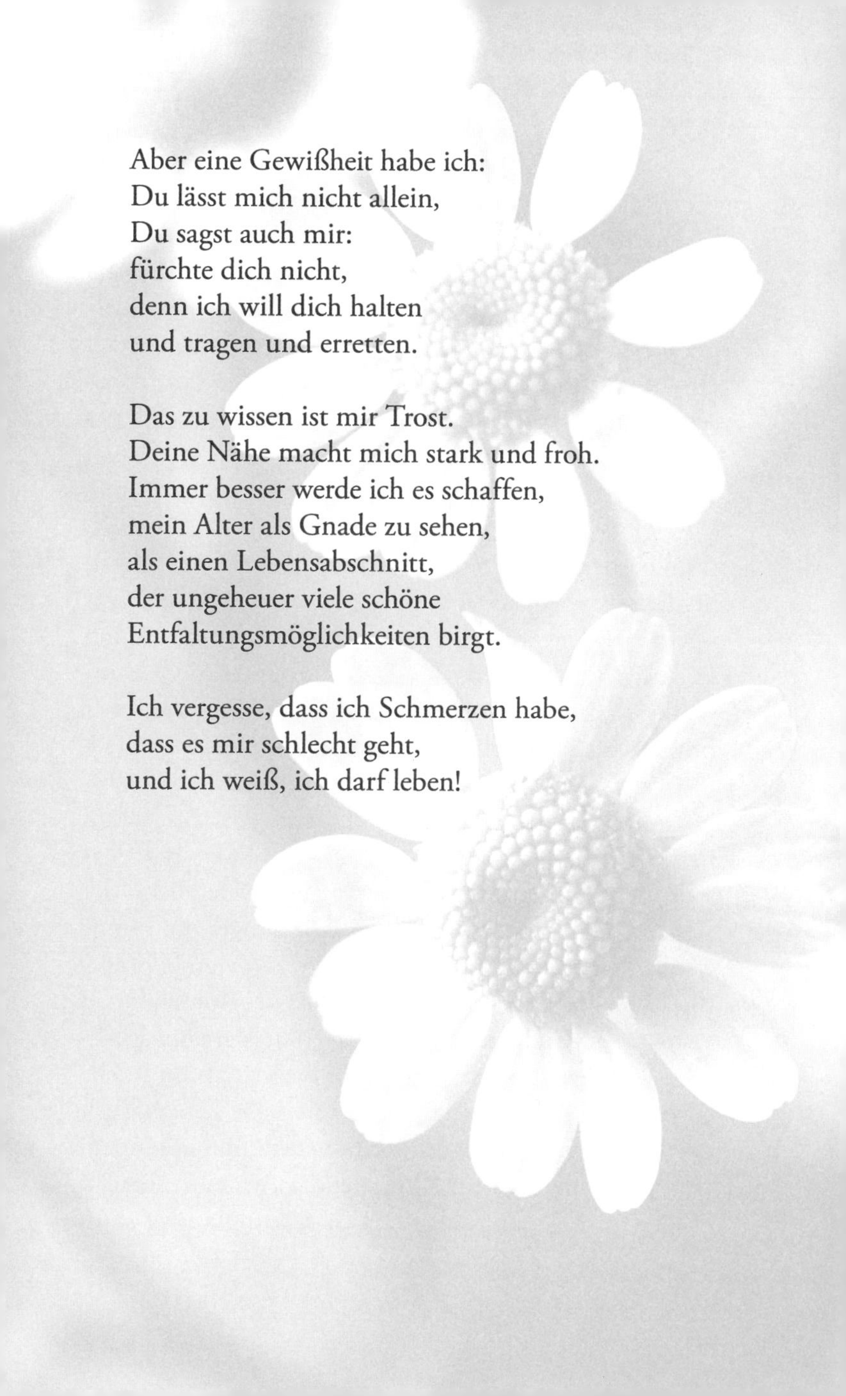

Aber eine Gewißheit habe ich:
Du lässt mich nicht allein,
Du sagst auch mir:
fürchte dich nicht,
denn ich will dich halten
und tragen und erretten.

Das zu wissen ist mir Trost.
Deine Nähe macht mich stark und froh.
Immer besser werde ich es schaffen,
mein Alter als Gnade zu sehen,
als einen Lebensabschnitt,
der ungeheuer viele schöne
Entfaltungsmöglichkeiten birgt.

Ich vergesse, dass ich Schmerzen habe,
dass es mir schlecht geht,
und ich weiß, ich darf leben!

Atemnot

In der biblischen Tradition stehen die drei Begriffe Atem, Hauch und Seele als Symbole für Lebensenergie. Erst als Gott Adam den Odem, den Lebenshauch einblies, erwachte er zum Leben. Die Seele wird beschrieben als der körperlose, „hauchartige" Teil des Menschen, und auch vom Heiligen Geist sagt man sprichwörtlich, dass er weht, wo er will (nach Joh 3,8).

Es gibt viele Ereignisse im Leben, die einem buchstäblich den Atem rauben können: Schrecken, Angst, Schicksalsschläge oder auch der Streit mit einem Menschen, an dem man eigentlich sehr hängt. Meist sind es seelische Ursachen, die dazu führen, daß man unwillkürlich zunächst nur für einen Moment, dann aber immer länger instinktiv nur sehr flach atmet.

An die Stelle der natürlichen, gesunden und lebensnotwendigen Zwerchfellatmung tritt ein oft kaum merkliches Aus- und Einziehen der Luft, bei dem sich nicht einmal der Brustkorb, geschweige denn der Bauch spürbar hebt und senkt. Die Folge: die Lunge wird nicht mehr richtig durchlüftet, es gelangt zu wenig Sauerstoff ins Blut, dafür wird zuviel Kohlendioxid abgeatmet. Dadurch verliert das Blut seinen natürlichen Säurewert und wird leicht basisch. Eine solche sogenannte Alkalose steigert die nervöse Erregbarkeit der Muskeln, die dadurch leicht verkrampfen können. Im Hals bildet sich ein Kloß, der das Atmen zusätzlich erschwert, bis man schließlich Erstickungsangst, ja im

Extremfall sogar echte Erstickungsgefühle verspürt. In der Folge atmet man noch flacher und schneller, gibt noch mehr Kohlendioxid ab: es beginnt ein wahrer Teufelskreis.

Auf der anderen Seite führen die verminderte Kohlendioxid-Konzentration und der Sauerstoffmangel zu einer Störung der Gehirndurchblutung. Dadurch entsteht bei dem Patienten das Gefühl einer „Mattscheibe“: Man bekommt Kopfschmerzen, die Gedanken und Sinneswahrnehmungen scheinen wie vernebelt und in Watte verpackt, es wird einem schwindlig. Hände und Füße fühlen sich kalt an und das Herz beginnt zu jagen.

Im Extremfall endet ein solcher Anfall von Atemnot damit, daß die Betroffenen buchstäblich nach Luft schnappen wie ein Fisch auf dem Trockenen. Dabei hebt und senkt sich allerdings bestenfalls der Brustkorb ein wenig, der Atem gelangt nicht bis hinunter zum Zwerchfell, wie es eigentlich nötig wäre.

Typisch ist, daß Menschen, die unter einer solchen Atemnot leiden, zunehmend Ängste entwickeln. So glauben sie beispielsweise aufgrund der Symptome, sie würden an einer Herzkrankheit leiden. Diese Angst wird dann besonders stark, wenn aufgrund des Luftschnappens und des Herzjagens Schmerzen in der linken Brustseite entstehen, die bis in den Arm hinein ausstrahlen können.

Sicher kann man versuchen, die Beklemmungen und Ängste, die zur Atemnot und Luftschnappen führen, mit Hilfe von Medikamenten, vorzugsweise Beruhigungsmitteln und anderen Psychopharmaka, zu bekämpfen. Wenn dagegen bestimmte Krankheiten, beispielsweise eine chronische Bronchitis, die Ursache der Beschwerden ist, muss diese Störung natürlich vom Arzt behandelt werden. Daneben wird es oft nötig sein, sich von seinem Arzt oder einem Atemtherapeuten wieder die richtige Zwerchfellatmung beibringen zu lassen.

Ganz unverzichtbar ist es jedoch in jedem Fall, selber möglichst oft und ganz bewußt langsam und tief mit dem Zwerchfell durchzuatmen, so dass sich der Bauch sichtbar hebt und senkt. Dazu kann einem auch während des Betens helfen, sich vorzustellen, dass man den Atemstrom mit seiner Wärme gezielt bis in den Bauch hinunter lenkt.

Gebet

Oh Herr,
jetzt umklammert mich wieder
diese unsägliche Enge
und will mir den Atem nehmen.
Mit eiserner Faust packt mich die Angst,
die Angst zu ersticken
oder bewusstlos zu werden.

Ich bitte Dich, löse diese Faust,
und nimm Du dafür meine Hand.
Lass mich ruhig werden
und spende mir einen langen,
frischen und wohltuenden Atem.
Lass mich meine Lungen
nur einmal richtig tief von Herzen
bis hinunter in den Bauch
hinein durchblasen,
dann werde ich frei, das weiß ich.

Du gibst mir die Gewißheit,
die Kraft und den Mut,
tief zu atmen und alle Enge zu lösen.
Dafür danke ich Dir,
weil ich wieder froh und frei werde.

Behinderungen

Ob man als Mensch mit Handicaps auf die Welt kommt oder im Laufe seines Lebens durch Krankheit oder ein Unglück eingeschränkt wird, macht keinen großen Unterschied. Man muß in jedem Falle lernen, mit mehr oder weniger eingeschränkten Funktionen von Körper, Seele und Geist zurechtzukommen. Dies ist für jeden Betroffenen gleichermaßen tragisch.

Dabei sollte man aber nie vergessen, daß jeder Mensch in irgendeiner Weise behindert ist, denn niemand kommt als rundum perfekter Mensch mit „optimalen" geistigen, körperlichen oder psychischen Anlagen auf die Welt, keiner bleibt vor Krankheiten oder Verletzungen verschont, die irgendein Handicap zur Folge haben. Wenn wir jemand als behindert bezeichnen, tritt diese Einschränkung lediglich besonders stark zutage, verursacht einen großen Leidensdruck und macht ein „normales" Leben teilweise unmöglich, weil die Betroffenen immer auf Hilfe, sei es durch Pflege und Betreuung, sei es durch Medikamente oder technische Hilfsmittel, angewiesen sind. In manchen Kulturen gelten behinderte Menschen als heilige oder Gott besonders nahe Geschöpfe.

Andererseits kann man mit gutem Recht auch Menschen, die scheinbar nicht behindert sind und sogar erfolgreich als Führungspersönlichkeiten in Wirtschaft, Gesellschaft oder Politik agieren, als behindert bezeichnen, wenn sie es nicht schaffen, anderen Menschen „normal“ zu begegnen. Sie ziehen sich aus Angst, jemand könnte ihnen ihre Position streitig machen, in Elfenbeintürme zurück und sind letztlich unendlich viel alleingelassener als die Menschen, die wir gemeinhin als Einsame bezeichnen. Gerade an Behinderten kann man sehr gut beobachten, wie sich das positive Annehmen ihres Eingeschränkt-Seins auf ihr Lebensgefühl, ihre Leistungsbereitschaft und Leistungsfähigkeit auswirkt. Vorbei sind Gott sei Dank die Zeiten, in denen Behinderte hinter hohen Anstaltsmauern verschwanden und ihr Gnadenbrot erhielten, bis sie schließlich starben. Heutzutage nehmen Behinderte ihr Leben in die eigene Hand, erschließen sich immer neue Berufe, besuchen Gymnasien und Universitäten, organisieren sich in Selbsthilfegruppen oder Sportclubs und richten sogar ihre eigenen olympischen Spiele aus.

Behinderte, die sich derart engagieren, haben es meist gelernt, ihre körperliche Einschränkung als einen Bestandteil ihres Lebens zu akzeptieren und nicht als einen Schicksalsschlag, der ihr Leben behindert, abzulehnen.

Aus vielen Beispielen und wissenschafltich fundierten Studien weiß man genau, daß eine positive, bejahende Einstellung die Beweglichkeit, ja die Rehabilitation ganz allgemein spürbar erleichtert und verbessert.

Gerade Behinderte sind leicht in der Gefahr, am Leben zu verzweifeln und sich aufzugeben. Wenn sie sehen, wie sich andere Menschen scheinbar leicht und schwerelos bewegen können, wird ihnen bewußt, dass sie anders sind. Anders – das bedeutet aber nicht schlechter oder gar „minderwertiger“.

Anders heißt vielmehr, dass man sich Bereiche sucht, in denen man trotz oder gerade wegen seiner Behinderung etwas Besonderes leisten kann. Wer seine Gebete und Gedanken auf das richtet, was er erreichen kann und will, der wird sein Ziel erreichen, auch wenn es schier unmenschliche Anstrengungen verlangt.

Die positiven Gedanken und Ziele, die man durch Meditation sozusagen zu seinem geistig-seelischkörperlichen Programm macht, wirken auf Dauer wie ein starkes Medikament, das einen dem gesetzten Ziel unweigerlich näherbringt.

Gebet

Jesus Christus,
als Du auf der Welt gewesen bist,
hat Dich das Schicksal
kranker und behinderter Menschen
so bewegt,
dass Du sie
durch spektakuläre Wunder geheilt hast.

Lange habe ich gehofft,
dass auch mir ein Wunder geschehen möge.
Ja, warum soll nicht auch mir
einmal ein Wunder widerfahren.
Doch dieses Wunder
werde ich selbst vollbringen
mit Deiner Hilfe.
Du gibst mir Mut,
mein Leben
selber in die Hand zu nehmen,
es froh und selbstbewußt
zu gestalten.
Meine Gedanken sind positiv
und werden es mit Deiner Hilfe
auch bleiben.

Wenn ich traurig oder verzagt bin,
wenn ich mich ärgere
oder resigniere,
dann hilfst Du mir,
diese Wolken zu vertreiben.

Du füllst mich an mit Kraft
und Selbstvertrauen,
Du machst meinen Körper
stark genug, um meine Gedanken
zu verwirklichen.
Ich weiß, dass mein Leben
in Deiner Hand liegt,
und ich lerne dadurch,
meine Schmerzen leichter zu ertragen,
meine Behinderung als eine Chance
für ein reiches, erfülltes Leben zu sehen.
Dafür danke ich Dir, mein Herr.

Krankenhausaufenthalt

Meistens kommt es urplötzlich, dass man sich in einem Krankenhausbett wiederfindet. Ein Unfall, ein Schwächeanfall oder eine akut ausgebrochene Krankheit machen die Einweisung nötig. Von einem Moment zum anderen ist man aus dem gewohnten Lebensrhythmus herausgerissen, muss vielleicht sogar daheim alles stehen und liegen lassen und liegt jetzt mehr oder weniger hilflos da.

Nach dem ersten Schrecken und der Prozedur von Aufnahme und ersten Untersuchungen wird es plötzlich ganz ruhig um einen, wenn man endlich in „seinem“ Bett im Krankenzimmer liegt. Die verschiedensten Gedanken stürmen auf einen ein: Wie soll es jetzt daheim weitergehen, schaffen die Kollegen meine Arbeit, wer sagt meine Termine ab und natürlich auch: Ist es wirklich so schlimm, dass ich gleich ins Krankenhaus kommen mußte? Wie lange werden sie mich wohl dabehalten, werden sie mir wehtun, was werden sie feststellen, komme ich hier je wieder lebend heraus?

Die Aufnahme ins Krankenhaus ist der letzte, objektive Beweis, dass etwas nicht stimmt mit mir, sie symbolisiert die Einsicht, daß ich heraustreten muß aus meinem normalen Leben, weil die Krankheit stärker ist als ich. An diesen Gedanken gewöhne ich mich um so schwerer, je „leichter“ die Krankheit scheint, die mich hierhergebracht hat. Und ich bin empört, dass mich mein Körper im Stich läßt, eine Schwäche zeigt, anstatt sie in gewohnter Weise zu meistern, und mich so sehr bezwingt, dass ich sogar das Krankenhausbett hüten muß.

Von anderen Patienten hört man teilweise erschrekkende Krankheitsgeschichten und steht immer in der Gefahr, der Verzweiflung und dem Selbstmitleid zu verfallen.

Natürlich kommt man normalerweise nicht wegen einer Bagatelle ins Krankenhaus. Meist besteht zumindest der Verdacht einer ernsthaften, schwereren Erkrankung. Das soll man zwar nicht vergessen, aber auch keinesfalls überbewerten, denn es gilt, sich möglichst frühzeitig, am besten sofort nach der Einlieferung, auf die neue Situation einzustellen und sich auf das vorzubereiten, was einen möglicherweise im Krankenhaus erwartet.

Es nützt nichts, sich gegen die Realitäten aufzulehnen und sein Schicksal zu bejammern, wie dies in Krankenhäusern, wo sehr viele Leidensgenossen auf engem Raum zusammenleben müssen, gern geschieht. Wer schnell gesund werden will, ist gut beraten, aktiv an seiner Heilung mitzuarbeiten. Auch in einem sehr kranken Körper stecken meist ungeheure Reserven an Selbstheilungskräften, die nur darauf warten, durch Meditation geweckt zu werden. Auch in der Hektik des Krankenhausbetriebs wird man immer wieder Zeit finden, sich für einige Minuten zurückzuziehen, abzuschalten und ein Heilgebet zu meditieren. Je öfter und intensiver man dies tut, desto mehr verlieren Schmerzen und andere Krankheitserscheinungen an Bedeutung.

Auf der anderen Seite wachsen der Wille, die Zuversicht und schließlich die Gewißheit, bald wieder geheilt zu sein.

Gebet

Jäh wie ein Schlag hat es mich getroffen,
ganz plötzlich fand ich mich hier wieder,
in einem Bett, im Krankenhaus.

Ich mache mir Sorgen.
Sorgen um meine Familie,
um meinen Arbeitsplatz, meine Kollegen,
die jetzt für mich mitarbeiten müssen.
Ich habe Angst.
Angst vor der Diagnose,
vor den Schmerzen,
vor den riesigen, unbekannten Geräten,
mit denen sie mich hier durchleuchten
und untersuchen.
Ich habe Angst, weil ich nicht weiß,
wie es um mich steht
und ob ich von hier
jemals wieder herauskomme.

Gott, Vater, Du hast versprochen,
immer bei uns zu sein.
Darauf vertraue ich.
In meiner Not rufe ich Dich an,
und ich weiß,
Du wirst mich hören.
Du gibst mir den Mut
und die Kraft, die ich jetzt brauche
und ich weiß,
alles wird gut.

Gib mir die Zuversicht,
die meine Ängste vertreibt,
weil ich mich in Dir geborgen weiß.
Gib mir Kraft,
nicht zu verzweifeln
und nicht zu fragen:
warum gerade ich.

Gib mir Ruhe,
dass ich Dich jederzeit finde
und durch Dich
die Kräfte in mir wecken kann,
die ich für meine Heilung brauche.

Ich vertraue auf Dich
und weiß, es wird alles gut.

Ich fühle mich krank

Es gibt Tage, an denen möchte man am liebsten gar nicht erst aufstehen, weil man sich schlaff, abgeschlagen, wie gerädert fühlt. Oft plagen Kopfschmerzen, der Magen scheint ein Betonklotz zu sein, obwohl man noch gar nichts gegessen hat. Arme und Beine gehorchen nur widerwillig und vermitteln das Gefühl, man müsste im nächsten Moment zusammenbrechen.

An einem solchen Tag ist man sicherlich nicht wirklich krank im medizinischen Sinn, man fühlt sich aber trotzdem so. Die Ursachen für einen solchen Zustand können äußerst unterschiedlich sein. Sie liegen sehr häufig begründet in den normalen monatlichen, jahreszeitlichen und altersbedingten Lebenszyklen, die bei erwachsenen Männern und Frauen, aber auch bei Kindern mit Veränderungen im Hormonhaushalt einhergehen.

Jeder Mensch hat einmal einen solchen Tag. Dann spürt er, dass er keine Maschine ist, die – ein wenig Wartung und ausreichende Versorgung mit Energie vorausgesetzt – unablässig mit der immer gleichen Präzision und Zuverlässigkeit funktioniert. Schwäche und Einschränkung am eigenen Leib zu spüren kann sehr viel schmerzhafter und deprimierender sein, als die tatsächlichen körperlichen Beschwerden.

Es ist bekannt, dass einige Hormone sozusagen als Nebenwirkung auch das Seelenleben und die Stimmungslage beeinflussen. Haben nun an einem Tag die

„Depressions-Hormone“ die Oberhand, dann fühlt man sich eben schlecht und krank.

Als weitere Ursachen kommen beispielsweise leichte Infektionen in Frage, die das körpereigene Abwehrsystem soweit beherrscht, daß sich keine echten Krankheitssymptome ausbilden können. Um jedoch die Krankheit abwehren zu können, werden sämtliche Kraftreserven des Körpers mobilisiert und zur Krankheitsbekämpfung eingesetzt. Auch dadurch kann das Krankheitsgefühl entstehen.

Natürlich machen uns sehr oft auch psychische Faktoren wie Stress, Ärger, Streit, unbewältigte Konflikte und Ängste krank.

Bei manchen Menschen treten solche Krankheitsgefühle mehr oder weniger regelmäßig auf und sollten dann natürlich ursächlich behandelt werden. Das Krankheitsgefühl ist eines der sozusagen klassischen Gebiete, bei denen man besser auf die Selbstheilungskräfte des Körpers vertraut als auf irgendwelche Medikamente.

Gebet

Oh Gott, heute fühle ich mich
schon wieder so müde,
zerschlagen und krank.
Ich weiß nicht, warum
es mir so schlecht geht,
obwohl ich gar nicht richtig krank bin.
Lustlosigkeit, Gleichgültigkeit
und Freudlosigkeit versuchen,
mich zu beherrschen.
Sie machen die Arme und die Beine schwer,
bringen meinen Kopf vor Schmerzen
schier zum Platzen und
lassen mich schlaff
und kraftlos werden.
Oh Gott, Du mein Vater,
lass es nicht zu,
dass diese negativen Kräfte
Gewalt über mich bekommen.
Sende mir Dein warmes,
lebenspendendes Licht
und vertreibe diese finsteren Nächte.
Ich weiß, mein Herz wird froh,
wenn es Deine Sonne strahlen sieht,
meine Arme und Beine werden leicht
und meinen Kopf werde ich nicht mehr spüren.
Dafür danke ich Dir,
Du Licht meines Lebens.

Unfallverletzungen

Unglücksfälle treffen Menschen ohne Unterschied: Ihre Opfer sind alt und jung, arm und reich. Sie reißen einen jäh aus dem gewohnten Lebensrhythmus, zerstören Lebensträume und Hoffnungen innerhalb weniger Sekunden. Wunden, gebrochene oder verlorene Gliedmaßen und all die anderen Verletzungen schmerzen so, dass man manchmal glaubt, es nicht mehr aushalten zu können.

Warum gerade ich? War es ein böser Zufall oder Gottes Fügung? Wie kann Gott mir dies antun? Wie wird das Leben weitergehen? Werde ich wieder gesund? Welche Schuld habe ich mir bei dem Unfall aufgeladen?

Solche Fragen quälen viele Menschen, die durch einen Unfall jäh aus ihren gewohnten Lebensbahnen gerissen und auf das Krankenlager geworfen wurden. Oft treten dazu Sorgen um die berufliche Existenz, die Karriere, um finanzielle Fragen.

Außer Schmerzen und medizinischen Komplikationen drohen ihnen auch Schuldgefühle, Resignation und Depressionen. Andererseits bekommt man sehr deutlich vor Augen geführt, dass Dinge, die man bislang selbstverständlich und ohne großes Nachdenken bewältigt hat, plötzlich unmöglich allein zu schaffen sind. Man muß zunächst denen dankbar sein, die einem Hilfe und Pflege angedeihen lassen und kann darüber auch lernen, Dank und Respekt dafür zu entwickeln, was Körper und Geist an täglicher Routine Wunderbares leisten.

Das Heilgebet stellt die innere Ruhe wieder her, ohne die jede Heilung unmöglich ist. Denn die Betroffenen sind nicht nur an ihrem Körper, sondern auch an Geist und Seele verwundet. Oft genug müssen Rückschritte im Heilungsprozess verarbeitet werden, manchmal droht der Lebensmut zu sinken. Die Selbstheilungskräfte stabilisieren das Seelen- und Gefühlsleben, sie befreien den Geist von dunklen, lähmenden Gedanken. Alle Kräfte werden auf das eine, wichtige Ziel ausgerichtet, möglichst schnell und möglichst vollkommen wieder gesund zu werden.

Daher vermittelt das Gebet neben Ruhe und Gelassenheit auch die Fähigkeit, Schmerzen und Rückschläge leichter zu ertragen.

Gebet

Vater im Himmel,
von einer Sekunde auf die andere
wurde mein Leben vollkommen anders.
Gequält von Schmerzen liege ich
mit gebrochenen Gliedern,
einem zerstörten Körper
hier im Bett.
Schlimme Gedanken und Befürchtungen
peinigen mich,
die Frage nach der Schuld
und nach dem Sinn des Unglücks läßt mir
keine Ruhe.

Anstatt meiner Arbeit nachzugehen,
mich um meine Familie zu kümmern
liege ich hier nutzlos herum.

Anstatt zu handeln, muss ich mich
behandeln lassen.
Ich fühle mich so hilflos, ausgeliefert
wie ein Säugling, doch keineswegs so
unschuldig.

Vater, mein Gott, ich bitte Dich
um Kraft, meine Verletzungen
zu überwinden,
um Stärke, mein Leben wieder in den Griff
zu bekommen,
um Halt,

damit die Schuld mich nicht entwurzelt
und um Geduld, die Heilung abzuwarten.

Du, Gott, läßt mich erkennen,
dass mein Leben in Deiner, nicht in meiner
Hand liegt.

Deine Liebe erfüllt mich,
schenkt mir den Mut, weiterleben
und gesund werden zu wollen. Deine
Kraft stärkt mich,
und läßt mich Schmerzen und Rückschläge
leichter ertragen, da ich Hoffnung habe.

Deine Nähe ist mir Ansporn,
das Meine zur Heilung beizutragen.
Jeden Tag handle ich ein Stück mehr
und lasse mich weniger behandeln –
wie es auch die Ärzte von mir wünschen.

Du, Herr, hilfst mir, läßt mich nicht allein,
solange ich nach Dir suche.
Daher schaffe ich es, mich nicht
gehen zu lassen und zu verzagen.

Dafür, mein Gott, danke ich Dir.
Denn ich weiß:
Auch wenn alles anders ist
als früher – es wird doch alles gut werden.

KREBS

Diagnose Krebs

Eine quälend lange Woche ist vorbei. Man ist beinahe erleichtert, dass die Diagnose, vor der man sich so gefürchtet hat, nun auch wirklich durch Laborberichte und zahllose Untersuchungen bestätigt ist. Gleichzeitig aber glaubt man, in ein unendliches Loch zu stürzen und kommt von dem Gedanken nicht los: Bald ist es aus mit mir.

Trotz aller medizinischen Fortschritte, trotz steigender Überlebenschancen, trotz immer neuer und effektiverer Therapiemethoden, die immer weniger Nebenwirkungen haben, ist die Diagnose Krebs wohl für jeden, den es trifft, ein ungeheurer Schlag. Noch immer sind bösartige Tumorerkrankungen die zweithäufigste Todesursache nach den Herz- und Kreislaufkrankheiten.

Was den Krebs so unheimlich macht, ist sein schleichendes, unberechenbares Auftreten und das Tempo, mit dem er wächst, wenn er sich einmal eingenistet hat. Trotz aller Forschungsanstrengungen in Medizin und Naturwissenschaft weiß man bis heute noch nicht genau, warum ein Krebs entsteht, warum er den einen Menschen trifft, den anderen aber nicht.

Bis heute gibt es kein sicher wirkendes Mittel, keine Bestrahlungsmethode und keine Operationstechnik, um diese „Geißel der Menschheit" so zuverlässig zu besiegen wie eine Aspirintablette den Kopfschmerz. Und wohl jeder kannte einen Menschen, der – vielleicht sogar unter ungeheuren Qualen – an Krebs gestorben ist. All dies geht einem durch den Kopf, wenn man die schicksalhafte Diagnose erfährt: Ich habe Krebs!

Dabei ist es noch längst kein Todesurteil, wenn man die Sicherheit hat, von einem bösartigen Tumor befallen zu sein, auch wenn noch immer viele Menschen dies glauben.

Ganz im Gegenteil kommt es gerade bei Krebs immer wieder zu spektakulären Heilungen. Menschen, die erfahren haben, dass sie an dieser tückischen Krankheit leiden, sind zu erstaunlichen Leistungen fähig. Oft schaffen sie es, trotz sehr niederschmetternder Diagnose, ihre Selbstheilungskräfte zu aktivieren, dass sie den scheinbar aussichtslosen Kampf am Ende doch noch gewinnen. Vermutlich ist die Selbstheilung als unterstützende Maßnahme zur medizinischen Therapie auch deshalb so erfolgreich, weil es sich beim Krebs um eine Krankheit handelt, die immer mehrere, verschiedene Ursachen hat. Medikamente, Bestrahlungen und Operationen aber können sich fast immer nur gegen eine einzelne Ursache richten. Die Selbstheilungskräfte dagegen, die ja im menschlichen Geist und Körper entstehen, können universell wirken, also auch die verschiedenen Ursachen des Krebses bekämpfen.

Heilgebete haben nach einer Krebsdiagnose die Aufgabe, die auf den Patienten einstürmendenÄngste, die man hat, vor Gott zu legen und sich auf den Kampf um sein Leben vorzubereiten. Vordergründiger, unbegründeter Optimismus ist dagegen fehl am Platz. Es kann nur darum gehen, alle verfügbaren Kraftreserven für diesen Kampf zu mobilisieren.

Gebet

Ich hatte es erwartet, Gott,
dass es so kommt.
Aber, ein Fünkchen Hoffnung hatte ich noch,
dass mich diese schlimme Krankheit
nicht getroffen hat.
Doch nun ist es anders gekommen.
Was soll ich tun,
was kann ich tun?
Du weißt, ich habe furchtbare Angst
vor den Tumoren in meinem Körper,
die jeden Tag ein Stück wachsen.
Erst wußte ich nicht,
ob es einen Sinn hat zu kämpfen,
doch jetzt weiß ich:

Ich will leben!

Herr, gib mir die Kraft,
diesen Kampf aufzunehmen.
Gib mir die Geduld,
all die Behandlungen und Untersuchungen,
die jetzt auf mich zukommen,
nicht nur auszuhalten,
sondern sie als meine Verbündeten
im Kampf ums Leben zu erkennen.
Gib mir die Zuversicht,
dass ich gewinnen kann und werde.
Gib mir die Liebe, die ich brauche,
um meine Familie, meine Freunde
und all die Menschen,

die mir etwas bedeuten,
für meinen Kampf zu gewinnen.
Vater, ich glaube, ich habe eine Chance –
hilf Du mir, sie zu nutzen.
Mit Dir werde ich es schaffen
und das macht mein Herz froh,
meine Seele leicht
und erfüllt meinen Geist
mit Dankbarkeit.

Krebstherapie

Krebserkrankungen benötigen in der Regel eine sehr langwierige, manchmal Jahre dauernde Behandlung, ehe sie endgültig besiegt sind. In dieser Zeit machen die Patienten nicht selten ein ständiges Wechselbad der Gefühle zwischen Hoffen und Bangen, zwischen Zuversicht und Verzweiflung durch. Dieses Schwanken und die Unsicherheit dauern wochen-, monate-, ja oft jahre- oder lebenslang. Immer wieder mischen sich Hoffnung mit Verzweiflung, Zuversicht mit Enttäuschung, Freude mit Depression.

Nach den ersten Operationen, Bestrahlungen oder Medikamentenbehandlungen wenden sich die Befunde oft schlagartig zum Besseren. Doch der Glaube oder die Freude über den Sieg wird häufig getrübt, wenn sich herausstellt, daß auch der Krebs sich wehren kann und irgendwann nicht mehr aufdie Therapie der Ärzte anspricht. Bis dann ein anderer Weg gefunden ist, der Erfolg verspricht, vergehen wieder bange Wochen, ja manchmal Monate. In diesen Zeiten kann es passieren, dass man sogar vollkommen bettlägerig wird, ehe es wieder aufwärts geht.

Bis es soweit ist, werden an die Geduld, die Leidensfähigkeit und das Durchhaltevermögen des Patienten sehr große Anforderungen gestellt. Der Wunsch, zu überleben, wird etliche Male von verzweifelten Gedanken überlagert: Es hat ja doch keinen Sinn, die Krankheit ist stärker, sie wird gewinnen. Hoffentlich ist es schnell vorbei, ohne allzu große Schmerzen, hoffentlich finde ich wenigstens dann endlich wieder Ruhe.

Doch es gibt auch ein vertrauensvolles Sich-Fallenlassen, ein bewußtes Übergeben (nicht Aufgeben!) seines Lebens an Gott, ein dankbares Loslassen, das vom Wissen geprägt ist, letztendlich geborgen zu sein. Wer versucht, eine solche Haltung zu erreichen, der ist auf dem Weg zu einer gläubigen Gelassenheit, der kann seine Krankheit auch als Chance verstehen, zu einem intensiven Verständnis seines Daseins zu kommen, der lernt die Kunst des Lebens vollkommen neu.

Die Selbstheilungskräfte, die man in diesem Stadium der Krankheit mobilisieren sollte, müssen in erster Linie von einer unerschütterlichen Zuversicht, ja Gewißheit geprägt sein, dass man die Krankheit trotz allem besiegen kann. Außerdem muß man lernen, zu akzeptieren, daß die Heilung einer solch schweren Krankheit nicht als eine gerade, ununterbrochene Linie in Richtung auf den Erfolg verläuft, sondern geradezu zwangsläufig einem Auf und Ab folgen muß.

Gebet

Oh, mein Gott,
wie war ich doch voll Zuversicht,
ja Gewißheit, es bald geschafft zu haben.
Die Geschwulst ist kleiner geworden,
immer kleiner,
und die endgültige Heilung
schien in greifbare Nähe gerückt.
Und jetzt das!
Anstatt besser zu werden,
haben sich die Befunde verschlechtert.
Hört das denn nie auf?

Gott, mein Vater, manchmal frage
ich mich, ist es denn das alles wert:
Die Schmerzen, die ich ertrage,
die Zeit, die ich nutzlos hier herumliege,
die Ängste und Sorgen,
die sich meine Lieben machen
und die mich selber quälen.
Der Krebs läßt mich immer wieder spüren,
daß er noch nicht besiegt ist,
noch lange nicht aufgibt.
Du weißt, ich will leben und kämpfen,
aber manchmal ist es schon sehr schwer.

Vater, auch wenn ich heute Zweifel habe,
laß mich nicht verzweifeln.
Auch wenn mir der Mut sinkt,
laß mich nicht entmutigen.

Auch wenn die Kraft nachläßt,
laß mich nicht kraftlos werden.

Hilf mir, daß mein Lebensmut,
der mich durch die ganze schwere Zeit
bis heute geführt hat, die stärkste Kraft
in meinem Kampf bleibt.
Dann, oh Gott, weiß ich:

Ich werde leben!

AUGENKRANKHEITEN

Grauer und Grüner Star

Die Augen gehören zu den empfindlichsten und unverzichtbarsten Organen, die wir besitzen. Das Augenlicht zu verlieren, gehört für viele Menschen zu den schlimmsten Vorstellungen. Wenn wir nicht mehr sehen können, entgeht uns viel von den Schönheiten, die uns die Natur, aber auch die Kunst und Literatur, der Sport und viele andere Lebensbereiche zu bieten haben. Es ist eine wahrhaft erschreckende Vorstellung, in völliger Dunkelheit leben zu müssen.

Augen sind die wichtigsten Organe, mit denen wir uns orientieren, mit denen wir uns durch unsere zunehmend bewußt visuell gestaltete Welt navigieren. Eine Einschränkung des Sehvermögens hat daher besonders einschneidende Folgen.

Andererseits macht man oft bewusst die Augen zu, um sich zu konzentrieren, zu meditieren, oder auch, um seiner Phantasie freien Raum zu geben. Das altgriechische Wort für das Schließen der Augen, myein, bildet übrigens den Anfang des Begriffes Mystik, also der Hinwendung zum Göttlichen und nicht mehr mit den Sinnen Wahrnehmbaren.

Aber auch das Nachlassen der Sehkraft, wie es beim grauen Star durch eine Trübung der Linse, beim grünen Star dagegen durch ein Versagen der Netzhaut entsteht, kann einem Angst machen. Wenn man die Buchstaben der Zeitung oder eines Buches nicht mehr richtig erkennen kann, über die kleinsten Hindernisse stolpert oder sich beim Einkaufen im Regal an die gewünschten Waren herantasten muß, weil man sie nicht genau sieht, dann kann man schon verzweifeln. Beide Krankheiten lassen sich durch rechtzeitige ärztliche Hilfe meist recht gut behandeln, auch wenn man in vielen Fällen sein volles Augenlicht nicht mehr zurückerhält.

Selbstheilung hat bei diesen Augenkrankheiten vor allem den Sinn, das Fortschreiten der Krankheit zu verhindern, und auf diese Weise die unbedingt notwendige medizinische Versorgung zu unterstützen. Da die vom Star hervorgerufenen Trübungen auf irreversiblen Gerinnungsvorgängen von Eiweißstoffen im Auge beruhen, kann man sie auch mit Selbstheilung nicht rückgängig machen. Allerdings mobilisiert man über sie die Fähigkeiten, mit Hilfe seiner anderen Sinnesorgane, also vor allem Ohren, Nase, Tastsinn einen Teil der Informationen zu erlangen, die früher von den Augen geliefert wurden.

Daneben sollte man sich in Heilgebeten auch dahingehend „programmieren“, dass man sich nicht von der Welt abschließt, weil man sie nicht mehr richtig wahrnehmen kann.

Gebet

Es fällt mir immer schwerer,
zu lesen, etwas anzuschauen,
oder mich auch nur zurechtzufinden.
Ich scheine immer durch eine Nebelwand
zu blicken, die sich niemals lichtet.
Menschen erkenne ich nur
an ihrer Stimme und an ihren Konturen,
als dass ich sie wirklich sehe.
Im Haushalt und an der Arbeitsstelle
greife ich immer öfter daneben,
wenn ich etwas in die Hand nehmen will.

Gott, Du weißt, wie zornig
mich das manchmal macht,
wie ungeduldig und wie traurig.
Jetzt merke ich erst,
welches Geschenk meine Augen waren,
als sie noch klar und scharf
sehen konnten.

Es ist bitter zu wissen,
dass es vielleicht nie wieder so sein wird.

Gott, mein Vater, Du hast das Licht
in die Welt gebracht,
damit wir sehen können.
Ich brauche mehr als das:
Schenk mir die Gnade, das Licht
auch weiterhin wahrnehmen,

die Umgebung noch sehen zu können.
Ich werde mich an den Nebel
in meinen Augen gewöhnen,
doch lass ihn bitte nicht stärker werden.
In meiner Erinnerung
tauchen die Bilder meiner Lieben
und vieler anderer Menschen,
meiner Wohnung,
der Natur und
vieler anderer schöner Dinge auf –
ganz klar und rein und deutlich.

Danke, dass ich das erleben durfte.

Nachlassende Sehkraft

Mit zunehmendem Alter läßt die Sehkraft nach. Dies ist ein ganz natürlicher Vorgang, den man zwar deutlich verlangsamen, aber wohl kaum aufhalten kann. Denn das Auge wird getrübt durch Alterungserscheinungen, die auf der einen Seite Hornhaut, Linsen und Glaskörper weniger durchsichtig werden lassen, auf der anderen Seite die Leistungsfähigkeit der Netzhaut beeinträchtigen.

Die Sehkraft kann jedoch auch bei jüngeren Menschen nachlassen, wenn sie ihren Augen zuviel zumuten. Zuwenig Schlaf, zuviel Fernsehen oder Bildschirmarbeit, der Verzicht auf eine Sonnenbrille beim Skifahren oder am Badestrand, die fehlende Schutzbrille bei Schweiß- oder Schleifarbeiten – all dies sind nur einige Ursachen, die irgendwann einmal zu Verletzungen oder Augenkrankheiten führen können. In der Folge lässt dann die Sehkraft zumindest zeitweise, manchmal aber auch für immer nach.

In einem solchen Fall müssen Heilgebete neben den Selbstheilungs- auch die Selbsterhaltungskräfte wecken. Denn nur sie sind stark genug, in langen Jahren erworbene falsche Verhaltensweisen zu korrigieren. Denn die in vielen Fällen mögliche Regeneration der Augen, die auch die verschlechterte Sehkraft zumindest teilweise wieder ausgleichen kann, kommt nur dann zustande, wenn man die Augen vor den schädlichen Einwirkungen schützt und sie äußerst schonend behandelt.

So fördert es die Heilung und stärkt die Augen ganz allgemein, wenn man sie tagsüber ab und zu bewußt für einige Momente oder Minuten schließt. Es ist erstaunlich, wie erfrischend und angenehm für die Augen, aber auch für das gesamte Wohlbefinden man dies empfindet. Vor allem, wenn man an einem Bildschirm-Arbeitsplatz sitzt und den ganzen Tag angestrengt „in die Röhre schaut", sollte man sich solche Pausen unbedingt gönnen, um seine Augen zu regenerieren.

Gebet

Schöpfer der Sonne und der Erde,
Vater und Gott,
Du hast mir Augen geschenkt,
damit ich sehen kann.

Doch wie bin ich damit umgegangen!
Achtlos habe ich sie
überfordert, nie bedacht,
daß sie lebendige Organe sind.

Jetzt habe ich die Quittung:
Die Sehkraft hat nachgelassen.
Bei der Arbeit verschwimmen
die Konturen auf dem Bildschirm,
das Lesen strengt mich furchtbar an
und viele Dinge erkenne ich
erst buchstäblich im letzten Moment.

Jetzt erst weiß ich wirklich,
was meine Augen wert sind.

Und jetzt komme ich zu Dir
mit der Schwäche meiner Augen.

Gott, hilf, dass ich die Farben
und die Formen wieder so sehen kann,
wie es früher der Fall war.
Laß mich nicht ausgesperrt sein
von der Welt der Sehenden.

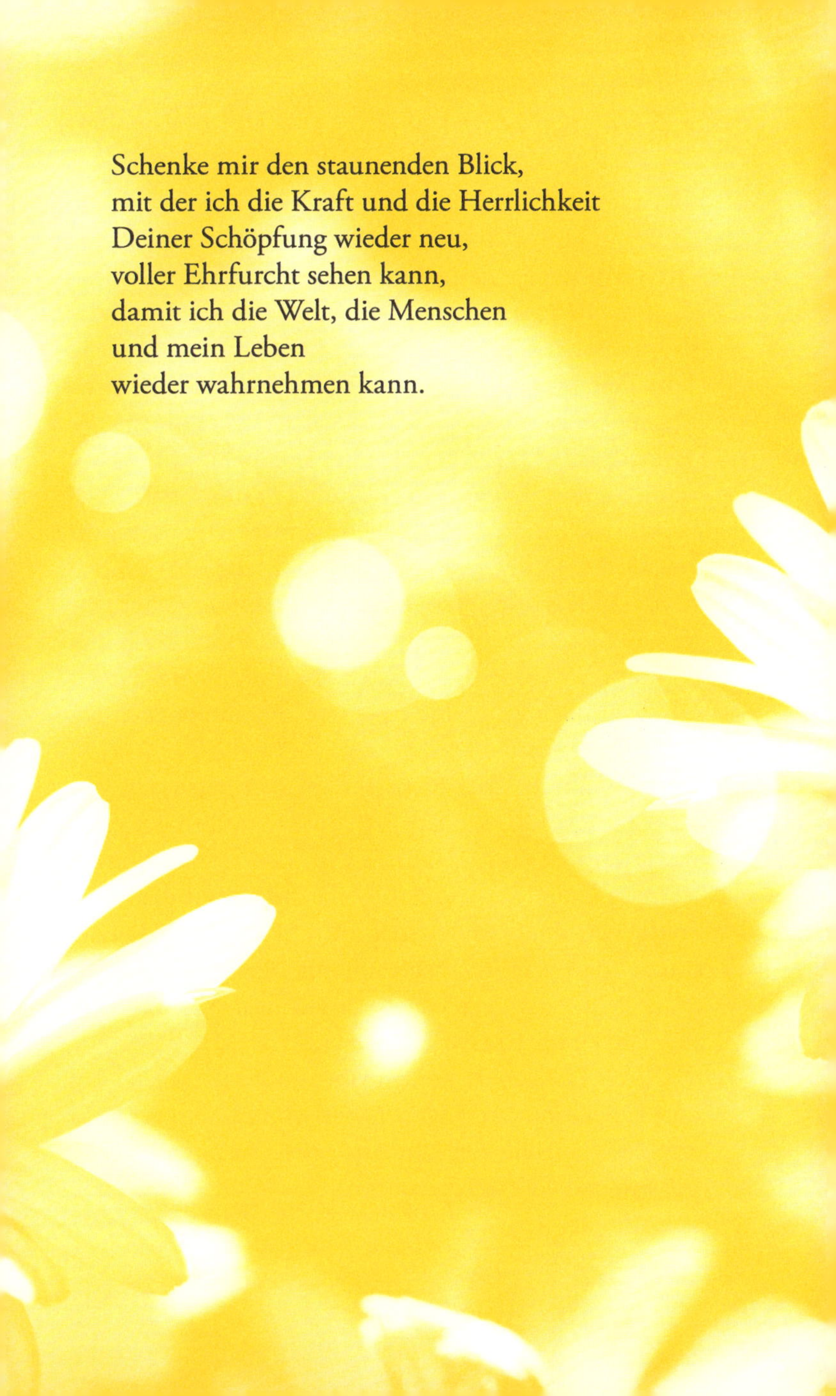

Schenke mir den staunenden Blick,
mit der ich die Kraft und die Herrlichkeit
Deiner Schöpfung wieder neu,
voller Ehrfurcht sehen kann,
damit ich die Welt, die Menschen
und mein Leben
wieder wahrnehmen kann.

Augenoperation

Oft verursachen sie überhaupt keine Schmerzen, machen manchmal nicht einmal einen längeren Krankenhausaufenthalt oder auch nur Bettruhe erforderlich. Trotzdem verbinden die meisten Menschen mit einer Augenoperation sehr unangenehme Vorstellungen.

Sicher ist es nicht gerade eine angenehme Aussicht, wenn man weiß, daß man während des Eingriffs wach liegen wird und quasi zusehen kann, wie der Eingriff vonstatten geht. Zwar ist man während der Operation durch starke Beruhigungsmittel schon beinahe in einem narkoseähnlichen Zustand, und auch das Schmerzempfinden ist durch Medikamente ausgeschaltet, doch es bleibt trotzdem ein unangenehmes Gefühl zurück.

Man sollte es aber nicht bei solchen negativen Gedanken belassen, sondern sich auch einmal überlegen, was man mit Hilfe seiner Augen, denen man normalerweise kaum größere Aufmerksamkeit widmet, alles vollbringt: Man findet sich zurecht in seiner Umgebung, man erfährt Freude durch schöne Dinge, die man sieht, man lernt dazu, durch das, was man mit den Augen untersucht und liest.

Durch Heilgebete kann man sich hervorragend auf eine Operation am Auge vorbereiten und sich auch für die nachfolgende Zeit des Ausheilens wappnen, in der die Sehkraft mitunter wochen- oder monatelang stark vermindert ist.

Gebet

Oh Herr, bald werden sie mich
am Auge operieren und ich werde
das bewusst miterleben.

Allein schon diese Vorstellung
lässt mich schaudern.
Natürlich weiß ich,
daß ich in guten Händen bin
und von erfahrenen, guten
Ärzten, Schwestern und Pflegern
versorgt werde.

Aber trotzdem bleibt
ein äußerst unangenehmes Gefühl
zurück,
vor allem, wenn ich daran denke,
dass ich hinterher eine Zeitlang
mit dem Auge nichts sehen kann.

Schenke mir, Herr, Gelassenheit
und Ruhe,
um diesen Eingriff gut zu überstehen.

Richte meine Phantasie
und meine Träume auf andere Bahnen,
damit ich nicht an diesen Eingriff
denken muß und meine Furcht
kleiner wird statt größer.

Lass mich vorbereitet sein
auf die Tage der Dunkelheit,
damit ich mich von ganzem Herzen
freue auf den Tag,
an dem das Licht wiederkommt.
Das wird ein wunderbarer Moment,
für den ich Dir jetzt schon danken will.

Augenverletzungen

Manchmal steckt sträflicher Leichtsinn dahinter, wenn man sich am Auge verletzt. Beispielsweise dann, wenn man mit Schleifmaschinen oder auch mit ätzenden Flüssigkeiten hantiert, ohne eine geeignete Schutzbrille aufzusetzen. Das geht irgendwann einmal buchstäblich ins Auge. Auch bei Verkehrsunfällen sind die Augen extrem gefährdet. Wer im Auto sitzt, ohne sich anzuschnallen, braucht sich nicht zu wundern, wenn er bei einem Zusammenstoß gegen die Windschutzscheibe prallt und sich eine Augenverletzung zuzieht. Auch Motorrad-, ja sogar Fahrradfahrer, sind gefährdet, wenn sie keine Schutzbrille aufsetzen oder das Visier ihres Schutzhelmes nicht herunterklappen: Jeder Käfer, der ihre Bahn kreuzt, kann mit voller Wucht auf das Auge prallen und es verletzen.

Auch der Sport ist für Augen nicht ungefährlich. Ein großer Teil der Patienten von Augenärzten wird beispielsweise aus Squash-Center eingeliefert. Selbst geübten Spielern gelingt es nicht immer, dem kleinen Hartgummiball, der mit 150 Stundenkilometern heranfliegen kann, rechtzeitig auszuweichen. Das Ganze endet dann mit bösen, langwierigen Augenverletzungen.

Die Zeit der Krankheit sollte man auch nutzen, um Dankbarkeit zu erlernen für all die Möglichkeiten zu körperlicher und geistiger Betätigung, die der Körper mit all seinen Organen uns bietet. Aus diesem Dank entwickeln sich Respekt und Achtung vor der Schöpfung Mensch, die man bewahren und verantwortungsvoll gebrauchen sollte.

Heilgebete erleichtern es nicht nur, ganz allgemein mit dem Unfallgeschehen und seinen Folgen fertig zu werden. Durch das bildliche Meditieren des Gebetes wird das Auge darauf ausgerichtet, durch die Heilung seine ursprüngliche Seh- und Wahrnehmungskraft wiederaufzubauen. Außerdem wappnet man sich mit Geduld für die lange Zeit der Rekonvaleszenz.

Gebet

Ich weiß noch gar nicht richtig,
wie es passiert ist.
Plötzlich spürte ich etwas am Auge
und dann sah ich nichts mehr.
Instinktiv habe ich das Auge geschlossen
und seither nicht wieder aufgemacht.
Als der Arzt mir die Lider auseinanderzog,
konnte ich ihn nicht sehen,
mein Blick war trübe.
Schmerzen quälen mich.

Himmlischer Vater,
lass mich jetzt nicht allein,
wo mir dies passiert ist!
Jetzt, wo ich hier liege,
versuchen schwarze Gedanken,
sich meiner zu bemächtigen
und mir weiszumachen, dass ich
blind bin.

Bitte, Gott, nimm mir diese Angst,
lass mich an angenehmere Dinge denken
und schenke mir die schönen Bilder,
die ich in meinem Leben sehen durfte,
nochmals,
damit sie vor meinem Auge neu entstehen.
Noch hat mir niemand gesagt,
wie lange es dauert,
bis ich wieder geheilt bin.

Gib Du mir die Geduld und die Hoffnung,
diese Zeit in der Gewißheit durchzustehen,
dass ich bald wieder sehen kann.
Schenke mir Einsicht,
dass ich die Anweisungen der Ärzte
auch dann befolge, wenn ich sie nicht
verstehe
und sie mir unsinnig erscheinen.

Ich bin voll Hoffnung auf den Tag,
an dem ich endlich mein Auge wieder
öffnen darf,
und ich danke Dir, dass Du mich
in dieser Zeit der Dunkelheit
nicht alleine läßt.

HALS-NASEN-OHREN-ERKRANKUNGEN

Mandelentzündung

Wer einmal unter einer Mandelentzündung gelitten hat, kann schon fast sicher sein, dass dies nicht das letzte Mal gewesen ist. Die Mandeln sind im Rachen liegende Organe des Lymphsystems und helfen bei der Immunabwehr.

Sind sie aber erst einmal selber von einer Infektion befallen wordsen, dann scheinen sie in vielen Fällen auf weitere Entzündungen geradezu zu warten: Sie „schnappen" buchstäblich jeden Erreger auf, der in ihre Nähe kommt. Sind sie angesteckt, dann schwellen sie an, verengen den Hals oder den Schlund und verursachen Schmerzen beim Schlucken. Vermutlich ist eine allgemeine Abwehrschwäche häufig die Ursache für eine Mandelentzündung (Angina). Es ist aber auch bekannt, dass Menschen, die in seelischen Extremsituationen leben, beispielsweise in permanentem Streß, die unter Niedergeschlagenheit, Depressionen oder Ängsten leiden, besonders anfällig für Infektionen, vor allem auch der Mandeln sind.

Heilgebeten fällt daher in diesem Falle die Aufgabe zu, zum einen das Immunsystem zu stärken, zum anderen die seelische Widerstandskraft zu erhöhen. Man sollte allerdings die Vorbeugung gegen Mandelentzündung nicht nur durch Heilgebete, sondern auch durch geeignete Abhärtungsmaßnahmen verbessern: Waldlauf, Jogging, andere Sportarten und regelmäßige Saunabesuche stärken die Widerstandskraft erheblich – aber nur in Zeiten, in denen man vollkommen gesund ist und nicht an einer Infektion leidet. Versucht man sich dagegen während einer Krankheitsphase abzuhärten, drohen schwere Schäden am Herzen und anderen Organen.

Gebet

Die ganze Zeit müsste ich schlucken
und will es doch nicht,
weil es so weh tut.

Oh Herr, schon wieder
sind meine Mandeln geschwollen,
der Hals ist total vereitert.
Irgend etwas stimmt nicht
mit meinem Immunsystem.
Ich weiß nicht, warum
es mich immer wieder erwischt
und zwar meistens dann,
wenn es mir ohnehin schon schlecht geht.

Nur in meiner Phantasie sehe ich mich
die leckersten Dinge essen und trinken
und dabei läuft mir das Wasser im Mund
zusammen,
und es tut wieder weh,
bis ich es endlich heruntergeschluckt habe.
Ich will gar nicht wissen,
warum ich immer wieder krank werde,
ich will nur eins,
gesund werden,
wieder schlucken, husten und atmen können,
ohne diese schmerzende Beklemmung.
Gott, gib mir so viel Antriebskraft und Elan,
dass ich mich aufraffe
und meinen Körper abhärte,
sobald ich wieder gesund bin.

Hole mich aus den dunklen
und trüben Stimmungen,
die es der Krankheit so leicht machen,
meine Abwehr zu überwinden.

Oh Vater, alleine schon die Vorstellung,
dass ich nicht mehr erkranke,
macht mich froh und dankbar.

Nachlassendes Gehör

Mit dem Begriff des Hörens verbindet die jüdisch-christliche Tradition eine der Ur-Fähigkeiten des Menschen. „Höre, Israel“ beginnt das tägliche Gebet der Juden; der Gehorsam, das Hören auf den Oberen gehört zu den Grundtugenden klösterlicher Gemeinschaften, Jesus erzählte Geschichten, um damit bei den Menschen Gehör für seine Botschaft zu finden und man hört auf die (eigentlich unhörbare) Stimme Gottes oder des Gewissens. Das Wort Gottes, verkündet und gehört bei jeder liturgischen Handlung ist die zentrale Offenbarung für alle Gläubigen.

Auch das Gehör unterliegt ganz natürlichen Alterungsprozessen und lässt ab dem sechsten Lebensjahrzehnt deutlich nach. Es gibt auch eine ganze Reihe von Krankheiten, die vorübergehend oder dauernd das Hörvermögen beeinträchtigen. Dazu gehört beispielsweise der Gehörsturz, eine akute Erkrankung, die schnellstens im Krankenhaus behandelt werden muß.

Auf der anderen Seite aber kann man die Funktion der Ohren durchaus mit dem eigenen Willen beeinflussen. Ein Beispiel dafür sind Menschen, die an einer vielbefahrenen Straße, einer Eisenbahnlinie oder in der Einflugschneise eines Flughafens wohnen. Sie filtern den Lärm, der sie normalerweise stören müsste, aus dem Pegel der anderen Geräusche heraus und nehmen ihn schließlich gar nicht mehr wahr. Diese

Entwicklung geht – abhängig vom Lebensalter – meist innerhalb weniger Tage oder Wochen vor sich.

Wenn man beispielsweise in einer größeren Menschenmenge steht und sich nicht für den allgemeinen Geräuschpegel, sondern für das interessiert, was ein Redner vorn auf der Bühne sagt, wird man genau das Gegenteil tun: Man hört auf das, was laut ist, nämlich die vom Verstärker übertragene Stimme des Redners, während man das leisere Gemurmel der Menschen und das Geräusch des vorbeifließenden Verkehrs überhört.

Ein besonders beliebter Trick ist es auch, wenn man aus Höflichkeit jemandem scheinbar zuhört, in Wirklichkeit seine Ohren „auf Durchzug gestellt" hat. Das kann so weit gehen, dass man irgendwann feststellt, dass man gar nicht mehr wahrnimmt, ob der andere überhaupt noch spricht oder bereits aufgehört hat.

Allerdings kann man auch aus bestimmten psychischen Gründen regelrecht schwerhörig werden. Solche Fälle sind beispielsweise von Menschen bekannt, in deren Familien sehr häufig und sehr laut gestritten wird und die unter dieser Situation leiden. In einem solchen Fall ist die Schwerhörigkeit eine Art Schutzmechanismus, um sich vor den gefürchteten Auseinandersetzungen in der Familie abzuschotten.

Ein Schutzmechanismus ganz anderer Art ist es, wenn Arbeiter, ohne einen Gehörschutz zu tragen, an sehr lärmintensiven Maschinen arbeiten. Das gilt übrigens auch für das Personal von Diskotheken, in denen die Lautstärke der Musikanlagen teilweise bis jenseits der Schmerzgrenze aufgedreht werden.

In vielen Fällen ist Schwerhörigkeit kein unabänderliches Schicksal, sondern ein Krankheitsbild, das durchaus zumindest teilweise gebessert werden kann. Wenn man Heilgebete meditiert, sollte man dabei versuchen, sich zumindest Teile des Textes von seiner inneren Stimme sozusagen vorsprechen zu lassen. Im Anschluss an das Gebet kann man durch Meditation versuchen, sich ganz auf die Geräusche zu konzentrieren, die in der unmittelbaren Nähe entstehen. Nach und nach versucht man, den Wahrnehmungsradius seiner Ohren Stück um Stück zu vergrößern.

Gebet

Mein Gott, was ist nur los mit mir?
Fast jedesmal, wenn jemand mich anspricht
oder ich mich unterhalte,
muss ich nachfragen,
weil ich nicht verstehe,
was der andere mir sagen wollte.
Ich höre es nicht mehr,
wenn jemand ins Zimmer kommt,
wenn der Wind in den Blättern der Bäume
spielt
oder irgendwo leise Musik erklingt.
Jetzt erst merke ich, was mir fehlt.

Oh Gott, schenke mir die Gnade,
wieder all das zu hören,
was mich sehr erfreut,
was einfach zu meinem täglichen Leben
gehört, auch wenn ich
bisher nicht viel darüber nachgedacht
habe.

Vater, bitte gib meinem Trommelfell,
dem ganzen Apparat der Ohren
und den Hörnerven jene Empfindlichkeit
zurück,
mit der sie früher
auch das geringste Geräusch registrieren
und weitermelden konnten.

Du hast einmal gesagt:
Wer Ohren hat zu hören, der höre!
Ich bin bereit zu hören,
wenn Du mich lässt –
zu hören auf Dein Wort,
auf die Stimmen der Menschen,
auf das Singen der Vögel
und auf all das, was zum Leben gehört.
Ich werde meine Ohren offenhalten
und jeden Tag ein Stückchen besser hören
durch Deine Hilfe.

Chronischer und nervöser Schnupfen

Wenn man während einer Erkältung einen Schnupfen bekommt, dann liegt in der Regel eine Virusinfektion (siehe unter Infektionen) vor. Es gibt aber auch andere Ursachen, die die Nasenschleimhäute zum Anschwellen und zu einer vermehrten Sekretproduktion anregen. Heuschnupfen ist beispielsweise eine allergische Reaktion auf die Pollen bestimmter Gräser oder Blüten.

Bei Menschen, die beinahe während des ganzen Jahres verschnupft sind, deren Krankheit also chronisch geworden ist, kommen verschiedene Ursachen in Frage. So können die Nasenschleimhäute durch das dauernde Einatmen giftiger oder ätzender Dämpfe so geschädigt werden, dass sie auf Dauer entzündet sind.

Aber auch die Einnahme bestimmter Medikamente, die beispielsweise Salicylsäure, Amphetamin oder blutdrucksenkende Mittel (z.B. Rauwolfia-Auszüge) enthalten, löst mitunter einen Schnupfenreiz aus.

Schnupfen kann in einer trockenen Form auftreten, die allerdings nicht sehr häufig vorkommt. In diesem Fall sind die Schleimhäute ebenfalls entzündet und angeschwollen, sondern aber keinen Schleim ab. Diese Form des Schnupfens ist dadurch unangenehm, daß die trockenen und geschwollenen Schleimhäute schmerzen und ein starkes Spannungsgefühl entsteht.

Oft ist man versucht, dieses unangenehme Gefühl dadurch zu überwinden, dass man sich kräftig schneuzt, in der Hoffnung, dadurch den Schleimfluß wieder in Schwung bringen zu können. Das ist jedoch falsch, denn durch das Schneuzen werden die Schleimhäute weiter gereizt und können beispielsweise mit Nasenbluten reagieren.

Im Normalfall allerdings produzieren die Schleimhäute während eines Schnupfens teilweise sehr große Mengen von Sekret, das eitrig ist, falls eine Infektion mit Viren oder Bakterien vorliegt.

Ein chronischer Schnupfen kann aber auch seelische Ursachen haben. Durch Stress und ähnliche belastende Situationen kann ebenfalls eine übermäßige Produktion von Nasenschleimhaut-Sekret hervorgerufen werden. Häufiger ist allerdings bei solchen nervösen Störungen ein trockener Schnupfen. Bei dieser Krankheit wird in der Regel nach einiger Zeit ein wässriges Sekret von den Schleimhäuten gebildet, das diese jedoch nicht schützen und ausreichend feucht halten kann. Daher treten die bekannten unangenehmen Schnupfensymptome auf.

Natürlich sprechen nervös bedingte Schnupfenformen besonders gut auf die Selbstheilungskräfte des Körpers an. Doch auch in chronischen Fällen kann man mit Hilfe eines Heilgebets spürbare Linderung und vielleicht sogar Heilung finden.

Insbesondere wird es oft nötig sein, dass sich die betroffenen Patienten darauf „programmieren“, nicht mehr ständig zu Schnupfenmitteln zu greifen oder sich laufend zu schneuzen. In anderen Fällen steht dagegen die Steigerung der Abwehrkräfte oder das bewusste Verbessern der Atemluft im Vordergrund.

Gebet

Es ist so furchtbar lästig und unangenehm,
wenn dauernd meine Nase läuft.
Die Schleimhäute schmerzen
und ich bekomme nur Luft,
wenn ich angestrengt atme.
Laufend schneuze ich mich.

Ich weiß, dass dies falsch ist.
Ich sollte den Schleimhäuten
meiner Nase Zeit geben,
dass sie sich erholen können.

Ich sollte versuchen,
ohne die Schnupfenmittel auszukommen,
die mir das Atmen ohnehin nur
für eine kurze Zeit erleichtern.

Dabei ist es so einfach,
etwas gegen den Schnupfen zu tun:
Ich will dafür sorgen,
daß in meinem Zimmer ein Verdunster
immer für angenehm feuchte Luft sorgt.
Ich werde mich aufraffen
und jeden Tag einen Spaziergang
an der frischen Luft machen.
Ich werde Sole-Inhalationen machen
und meinen Urlaub dort verbringen,
wo es gut ist für meine Nase.

Oh Gott, ich glaube,
die falschen Gewohnheiten sitzen tief,
und es wird einige Zeit dauern,
bis ich endlich frei bin
von meinem lästigen Schnupfen.

Und deswegen danke ich Dir,
dass Du mir beistehst in dieser Zeit.

FRAUENLEIDEN UND -PROBLEME

Menstruationsbeschwerden

Die monatliche Regelblutung erinnert Frauen zwangsläufig ständig daran, daß sie mit ihrem Zyklus dem Rhythmus der Natur unterstehen. Dieser entzieht sie zumindest ein Stück weit der vermeintlichen totalen Verfügbarkeit des Menschen, wie sie in der Berufs- und Arbeitswelt, im sozialen Miteinander in Familie und Umwelt gefordert ist.

Besonders große Probleme macht dieser nicht beeinflussbare, vorgegebene Zyklus vor allem, wenn er mit Schmerzen, Übelkeit, Kreislaufproblemen oder anderen oft sehr unangenehmen Begleiterscheinungen verbunden ist. Man weiß, die Probleme kommen unausweichlich wieder, jeden Monat. Für uns heutige Menschen, die wir uns die Natur weitgehend nutzbar gemacht haben, ist dies besonders empörend und verletzend. Andererseits aber ist die Regel auch Ausdruck der Fruchtbarkeit der Frau, die seit biblischen Zeiten als besonders hoher Wert gilt. So galt es als besonderer göttlicher Gnadenerweis, wenn Frauen im hohen Alter oder nach langer, ungewollter Kinderlosigkeit trotzdem noch gebären konnten.

In diesem Sinn können Menstruationsprobleme durchaus Anlass sein, seinen Körper samt dem Zyklus als neuen Wert zu erfahren, als ein Teil der wunderbaren Schöpfung, in dem letztendlich alles Gottes Willen unterliegt und nicht dem eigenen. Ein Gebet geht auf die Ursachen der Beschwerden ein, soweit sie bekannt sind und schafft eine positive, entspannende Grundstimmung, die helfen kann, weil sie die Furcht vor den Beschwerden vermindert. Denn manchmal ist eine unbewußt ablehnende Einstellung zu Leiblichkeit und Sexualität Ursache der Beschwerden. Aber auch wenn Entzündungen, Zysten oder andere krankhafte Veränderungen Ursache der Schmerzen sind, kommt es zu krampfartigen Verspannungen, die durch Entspannung gebessert werden können.

Gebet

Gott, Schöpfer und Lenker der Welt,
wieder ist dieser unausweichliche
Schmerz da, den ich jedesmal
spüre, wenn ich meine Regel habe.
Es geht mir schlecht, ich leide,
obwohl es mir eigentlich
gut gehen sollte.

Denn in unserer Zeit glaubt man
die Natur, Deine Schöpfung,
durch Technik und Wissenschaft
nach Belieben verändern zu können.
Die Regel aber ist der beruhigende Beweis
dass es Dinge gibt, die weiterhin nach
Deinem Willen geschehen
und nicht nach dem des Menschen,
und dass ich Teil dieser
göttlichen Schöpfung bin.

Diese gute Erfahrung, mein Gott,
ist für mich aber sehr schmerzhaft,
übel und unangenehm.

Schenke mir bitte die Ruhe
und die Gelassenheit, die
Regel als Ausdruck Deines Willens
zu erleben, als Erinnerung daran,
dass Du es mir ermöglichst,
fruchtbar zu sein.

Dann werde ich die Regel
auch nicht mehr als lästig
und behindernd erleben.
Ich werde der Blutung ihren Weg lassen,
weil durch sie Neues und Gutes entsteht
in dem Körper,
den Du mir geschenkt hast.
Schmerzen, Übelkeit und Anspannung
werden zurücktreten,
denn Du machst mich frei,
meinen Körper
mit all seinen wunderbaren Einrichtungen
anzunehmen und
als gut zu empfinden.

Ausfluss

Die Scheide ist mit Schleimhäuten ausgekleidet, die während des Geschlechtsverkehrs ein Sekret absondern und so dafür sorgen, daß die Frau durch das Glied des Mannes keine Schmerzen empfindet. Aus verschiedenen Ursachen kann die Scheidenschleimhaut gereizt oder entzündet werden.

Dies ist beispielsweise bei einer Infektionskrankheit oder einer Verletzung der Fall. Auch Erkrankungen benachbarter Organe, beispielsweise der Harnblase, können auf die Scheidenschleimhaut übergreifen und sie reizen. Die Folge ist meist ein unangenehmer schleimiger Ausfluss aus der Scheide.

Kommen diese Ursachen nicht in Frage, dann sind es häufig seelische Spannungen oder eine körperliche Überlastung, die zu den Beschwerden führen. Ungelöste Fragen der Partnerschaft, Probleme mit der eigenen Sexualität, der vergebliche Wunsch nach Mutterschaft, oder aber übermäßiger beruflicher Ehrgeiz können beispielsweise solche seelischen Ursachen sein.

Auch auf die oft unmenschliche Belastung und permanente Stresssituation, sich zugleich im Beruf bewähren zu wollen, andererseits aber ihren familiären Pflichten nachkommen zu müssen, reagieren Frauen häufig mit übermäßigem Ausfluss.

Man kann eine solche Störung sehr gut durch die Selbstheilungskräfte des Körpers bessern oder sogar zum Verschwinden bringen. Dabei spielt es keine Rolle, ob sie zum Erscheinungsbild einer Infektion oder anderer Krankheit gehört oder ob sie seelische Ursachen hat.

Das Heilgebet muss ganz gezielt auf die jeweilige persönliche Situation zugeschnitten sein, denn es handelt sich bei diesen Beschwerden ja um ein sehr intimes Leiden. Im Vordergrund steht dabei, dass man seine jeweilige Lebenssituation zunächst einmal akzeptiert, sich gleichwohl aber als Ziel setzt, sie positiv zu verändern.

Gebet

Ach, es ist so unangenehm und lästig,
mit diesem ständigen Ausfluss
aus meiner Scheide leben zu müssen.
Es macht mich unsicher,
hilflos und ärgerlich.
Manchmal glaube ich,
alle anderen Menschen müssten doch
bemerken,
was mit mir los ist
und deswegen ziehe ich mich
vor ihnen zurück, breche Brücken ab.

Ich weiß, Du mein Gott,
dass dies genau der falsche Weg ist.
Ich muss neue Brücken bauen –
auch zu mir selbst.

Ich will lernen,
dass es mich zwar oft bis an die Grenzen
meiner Leistungsfähigkeit fordert,
meine Arbeit, die mir so viel Spaß macht
und meine Pflichten
in der Familie
miteinander zu vereinbaren.

Ich will aber nie vergessen,
dass ich eine Frau bin
und keine anonyme Maschine.
Oh Gott, erfülle Du mein Leben
mit neuer Freude

und hilf mir,
die schönen Seiten meines Lebens
zu erkennen und mich an ihnen zu
freuen.

Dann, das weiß ich,
werde ich innerlich ruhiger,
zufriedener und das wird
auch meine Scheide spüren.
Der Schleimfluss wird sich legen,
und ich fühle mich wieder rein und frei.

Frigidität

Es ist ein Thema, über das man nur ungern spricht, am liebsten gar nicht: Man erlebt das sexuelle Zusammensein mit einem Partner eher teilnahmslos, empfindet es vielleicht sogar als lästig, erreicht aber nie die volle Befriedigung. Nur sehr selten liegen die Ursachen für diese Gefühlskälte in medizinisch fassbaren Krankheiten oder körperlichen Veränderungen begründet. Fast immer sind es geistige und seelische Blockaden, die es einer Frau unmöglich machen, ihre Sexualität auch als eine Quelle natürlicher, gottgegebener Lust und Befriedigung zu empfinden.

Natürlich spielt auch heute noch eine falsche oder vergessene Sexualerziehung eine große Rolle. Daraus resultierende Schuld- und Schamgefühle sind bei manchen Frauen so tief verwurzelt und so stark wirksam, dass sie sich davon nicht freimachen können.

Sehr oft spielt auch das Verhalten des Mannes eine Rolle, wenn er beispielsweise zu egoistisch und stürmisch ist. Dabei bleiben die Gefühle und Wünsche der Frau, deren sexueller Erregungsrhythmus meist langsamer abläuft als der des Mannes, auf der Strecke. Wenn sie zu oft nicht berücksichtigt und befriedigt werden, kann es sein, dass der Körper vollkommen „verlernt", Lust und Befriedigung zu empfinden.

Natürlich ist Frigidität keine schwere Krankheit, die man unbedingt behandeln muss. Andererseits aber kann sie das Zusammenleben auf Dauer empfindlich stören und die Partnerschaft für die Frau eher zu einer Belastung werden lassen. Es können auch handfeste seelische Erkrankungen entstehen, wenn die Frigidität längere Zeit fortbesteht.

Will man versuchen, die Frigidität zu überwinden, muss man sich zunächst darüber im klaren sein, dass die Behandlung auch den Mann einbeziehen muss. Denn ohne seine Mithilfe, sein Verständnis für das Problem und seine Rücksichtnahme auf die Bedürfnisse der Frau wird es sehr schwierig, ja manchmal unmöglich sein, das Problem zu beheben.

In dem Heilgebet sollte man sich daher vornehmen, zunächst einmal die eigenen sexuellen Wünsche zu erkunden und den Mut zu finden, darüber mit dem Mann zu reden. Ideal ist es, wenn beide Partner das Gebet zusammen meditieren.

Auf der anderen Seite darf man keineswegs dem Irrtum verfallen, dass unbedingt jeder Geschlechtsverkehr mit höchstem Lustempfinden und vollkommener Befriedigung verbunden sein muß. Auch in der Liebe darf man einmal einen schlechten Tag haben. Es wäre vollkommen falsch, sich hier einem „Leistungszwang" zu unterwerfen.

Gebet

Warum nur lässt es mich so kalt,
wenn ich mit ihm intim bin.
Manchmal erlebe ich es,
als ob ein Film vor meinen Augen abläuft,
bei dem ich nur Zuschauer bin.
Dabei weiß ich doch, wie unsagbar schön
und glückspendend es sein kann,
wenn wir zueinander finden.

Herr, mein Gott,
Du hast uns Menschen die Sexualität
geschenkt und es auch so eingerichtet,
dass wir dabei wunderschöne Gefühle
erleben können.
Du hast uns die Liebe geschenkt,
damit wir froh und frei werden können
und nicht alleine durchs Leben gehen.

Doch gerade im sexuellen Zusammensein
fühle ich mich so oft allein –
und er merkt es nicht.

Gott, ich weiß, dass es
vielleicht wichtigere Probleme gibt,
aber es belastet mich
und macht mich traurig.

Gib mir den Mut,
mich selber zu fragen, welche Wünsche
und Bedürfnisse ich habe

und mach es mir möglich,
darüber auch ganz offen
und frei mit ihm zu reden.

Lass mich Deine Nähe spüren
und mich erkennen, dass Sexualität
und körperliches Lustempfinden
Geschenke sind, die Du uns
in Deiner wunderbaren Schöpfung
mitgegeben hast,
damit wir sie
voller Freude
und Dankbarkeit erfahren können.

Geburt

Kinder sind ein Geschenk Gottes. Und natürlich sind Schwangerschaft und Geburt alles andere als eine Krankheit. Andererseits sind sie aber mit sehr weitreichenden Veränderungen im gesamten Organismus verbunden: Das Skelett und die Muskulatur werden umgebaut, Stoffwechsel und Hormonhaushalt umgestaltet. Und natürlich nehmen Verstand und Gefühl, aber auch die Seele regen Anteil an dem Geschehen.

Auch wenn man sich noch so sehr auf die Geburt eines Kindes freut und sie herbeisehnt, bleibt doch bei vielen Frauen auch ein gutes Stück Angst bestehen, die Angst vor den Schmerzen der Geburt. Diese kommen dadurch zustande, daß Gebärmutterhals und Scheide extrem geweitet und gedehnt werden, wenn Kopf und Rumpf des Kindes hindurchgepreßt werden.

Bei manchen Frauen wird diese Angst so stark, daß sie bald ihr ganzes Denken beherrscht und schließlich die Freude auf das Kind in Hass auf den Verursacher der Schmerzen umschlagen läßt. Deswegen ist es hilfreich und sinnvoll, sich auch auf die Schmerzen bei und nach der Geburt vorzubereiten. Die heute überall, beispielsweise in Volkshochschulen und Sportvereinen angebotenen Kurse für Schwangerschaftsgymnastik sind dazu ebenso geeignet wie die Entspannungstechniken des Autogenen Trainings. Auch das Heilgebet hat hier eine hochwirksame Funktion.

Zwar wird keine dieser Methoden die Schmerzen vollkommen ausschalten können, doch werden sie zumindest soweit reduziert, dass sie erträglich bleiben. Erreicht wird dieses Ziel durch eine tiefe Entspannung der betroffenen Muskeln und eine positive Grundeinstellung zum Ereignis der Geburt, die einen großen Teil des Schmerzempfindens sozusagen „aufschluckt".

Das Vermitteln der positiven Grundeinstellung durch das Heilgebet ist, ebenso wie die anderen genannten Methoden, eine Art von Training. Das bedeutet, sie funktionieren nicht beim ersten Mal und auf Bestellung, sondern sie wollen eingeübt und zur täglichen Routine geworden sein. Je früher man also anfängt, sein Heilgebet zu meditieren, desto stärker wird sich der schmerzstillende, entspannende Effekt bemerkbar machen und desto geringer werden die Furcht und die Gefahr von negativen Gefühlen gegenüber dem Kind sein.

Gebet

Ach, es ist so schön,
dass ich das Wunder des Lebens
in meinem Körper erleben darf.
Dafür danke ich Dir, mein Gott.
Es dauert noch eine lange Zeit
bis das Kind, das durch Deinen Segen
in meinem Körper entsteht,
zur Welt kommen wird.

Zu wissen, dass Du die ganze Zeit
bei meinem Kind und mir sein wirst,
ist ein Gedanke,
der mich sehr froh macht
und auch beruhigt.
Denn natürlich habe ich Angst
vor den Schmerzen und davor,
dass ich diese meine Schmerzen
dem Kind anlaste,
das doch gar nichts dafür kann.

Deswegen ist mir Deine Nähe so wichtig,
weil ich weiß, dass ich ruhig werden
und vollkommen entspannen kann,
wenn es soweit ist.

Ich werde tief und ruhig atmen
und mich angenehm leicht
und schläfrig fühlen,
sobald die Wehen kommen.

Jeder Atemzug wird
neue Entspannung bringen und je tiefer und
fester ich atme,
desto einfacher und schmerzloser
wird die Geburt verlaufen.
Ich werde sie ganz bewusst
als ein wunderbares Geschehen erleben.
Darauf freue ich mich schon heute
und ich danke Dir,
dass ich das erleben darf.

Schwangerschaft und Depression

Auf den ersten Blick klingt es sehr merkwürdig, die Begriffe Schwangerschaft und Depression in einen engen Zusammenhang zu bringen. Tatsächlich aber bewirken die ungeheuren Umwälzungen, die den Körper auf die Mutterschaft vorbereiten, auch starke Schwankungen im Seelenleben. Schwangerschaftsdepressionen sind ein durchaus häufiges Krankheitsbild, auch wenn sie nicht immer ärztlich behandelt werden müssen.

Teilweise ausgelöst durch hormonelle Einflüsse, teilweise auch aus Furcht, der Aufgabe als Mutter nicht gewachsen zu sein, oder auch ganz einfach deswegen, weil Schwangerschaft auch eine große körperliche Belastung darstellt, wechseln die Stimmungslagen schwangerer Frauen oft ganz extrem. Manchmal können aus solchen Stimmungsschwankungen echte Depressionen entstehen, die in manchen Fällen sogar bis zum Versuch führen, sich selber oder das heranwachsende Kind im Mutterleib zu töten. Solche schweren Depressionen können natürlich ausschließlich von einem Arzt behandelt werden.

Auch die leichteren Formen jedoch sollte man durchaus ernst nehmen und sie sofort behandeln, damit sie sich nicht verschlimmern. Dazu kann man sich ganz hervorragend der eigenen Selbstheilungskräfte bedienen, die man durch Beten weckt. Das Gebet soll die

Schwangere in die Lage versetzen, ihre Stimmungen und Gefühle soweit zu kontrollieren, daß sie nicht von einem Extrem ins andere fallen können. An die Stelle der möglichen negativen Gefühle treten die positiven, lebensbejahenden, erwartungsvollen. Man macht sich klar, daß die Umwälzungen im Körper auch ihre Auswirkungen auf die Seele haben und umgekehrt die Belastung der Schwangerschaft sich auch auf daskörperliche Befinden auswirken können: Übelkeit, Erbrechen, Kopf- und andere Schmerzen, Abgeschlagenheit und Kreislaufschwächen machen vielen schwangeren Frauen sehr zu schaffen.

Gebet

Es ist so wunderschön,
schwanger zu sein, himmlischer Vater.
Doch es hat auch seine Schattenseiten:
Mir ist so oft übel,
ich muss erbrechen,
ich fühle mich einfach schlaff
und schwach,
manchmal plagen mich heftige Schmerzen.

Ich spüre, wie das Leben
in mir wächst,
manchmal bewegt es sich schon,
und das ist schön.

Doch andererseits wachsen in mir
die Bedenken, ob ich meiner Aufgabe
als Mutter überhaupt gerecht werden kann.
Ich habe das Gefühl,
dass die ungeheuren Vorbereitungen,
die mein Leib für die Zeit
von Schwangerschaft und Geburt trifft,
zu einer riesigen Woge geworden sind,
die mich mit sich wegschwemmt.

Dabei will ich doch gerade jetzt
den Boden unter den Füßen nicht verlieren,
sondern mit beiden Beinen
fest in dem Leben stehen,
in das mein Kind hineingeboren wird.

Oh Herr und Vater,
ich blicke auf Dich
und erlange meine Festigkeit,
meine Sicherheit
und meinen Halt wieder.
Ich lerne zu akzeptieren,
dass meine Stimmungen stark schwanken,
weil sie der Entwicklung
meines Körpers folgen –
aber ich lasse die Gefühle frei
und nehme sie nicht zu schwer.

Lieber Gott,
weil Du da bist,
mich begleitest,
und Deine Hand schützend über mich
und mein Kind hältst,
kann ich froh, zufrieden und glücklich sein.

Sterilität

Es gibt zahlreiche Gründe, warum eine Frau kein Kind bekommen kann, obwohl sie es von ganzem Herzen wünscht. Sehr oft sind Krankheiten und Fehlsteuerungen der überaus komplizierten Fortpflanzungsorgane und ihrer Steuerungszyklen die Ursache. Häufig aber wird kein Arzt bei seinen Untersuchungen einen „Fehler" entdecken, der eine Schwangerschaft verhindern könnte.

Selbst Psychologen werden nicht immer eine befriedigende Antwort finden. Tatsache ist aber, dass die betroffenen Frauen im Laufe der Zeit ihren Wunsch nach einem Kind immer stärker verspüren, bis er schließlich so übermächtig wird, dass sie verkrampft und verbittert werden, weil er nicht in Erfüllung geht.

Solange eine Frau derart krampfhaft eine Schwangerschaft wünscht, wird sie ihr nach aller medizinischen Erfahrung vermutlich verwehrt bleiben. Es ist oft ein langer, schwieriger und manchmal auch bitterer Weg, bis man es schafft, seinen Wunsch nach einem Kind freier und gelöster zu empfinden. In manchen Fällen wird man auch bereit sein müssen, dem Wunsch nach einer Schwangerschaft andere Wünsche unterzuordnen. So muss man vielleicht sogar seinen Beruf aufgeben, der einen befriedigt und erfüllt, um in seinem Leben überhaupt erst Platz zu machen für das Kind.

Für die Selbstheilung ist es unbedingt notwendig, sich selber ehrlich einzugestehen, ob man nicht nur den Wunsch nach einem Kind verspürt, sondern auch dafür wirklich Platz in seinem Leben hat. Andererseits kann man sich durch Heilgebete in eine unverkrampfte, freie Stimmungslage versetzen, in der man nicht mehr zwanghaft-verkrampft, sondern frei und hoffnungsfroh darauf warten kann, schwanger zu werden – oder sich mit der Vorstellung vertraut zu machen, dass man tatsächlich keine eigenen Kinder bekommen wird.

Gebet

Himmlischer Vater,
ich liebe das Leben,
das Du mir geschenkt hast.
Ich liebe das Leben so sehr,
dass ich es weitergeben möchte
an ein eigenes Kind.

Doch ich kann keines bekommen.
Die Ärzte haben ihre Kunst versucht,
und es hat nichts genützt.

Deswegen komme ich zu Dir
mit meinem Problem
und ich weiß,
Du wirst mich nicht enttäuschen.
Du hilfst mir,
dass der Wunsch nicht übermächtig wird
in mir und mich blockiert,
dass ich in meinem Leben den Platz schaffe,
den ein Kind braucht
und die Gelassenheit, abzuwarten,
bis es klappt.

Ich stelle mir vor,
wie schön es ist,
ein Kind im Arm zu halten,
es zu hegen und zu pflegen,
bis es meiner Hilfe nicht mehr bedarf.

Ich stelle mir vor, wie es sein wird,
wenn nichts mehr in meinem Leben
wichtig ist,
als das Leben meines Kindes.

Oh Herr, ich weiß,
dass es manchmal ganz schön schwer sein
kann, ein Kind zu haben.
Aber ich weiß auch,
dass Du mich dabei nicht alleine lässt –
und was kann es Besseres
und Schöneres geben.

Probleme der Wechseljahre

Wenn eine Frau auf das fünfzigste Lebensjahr zugeht, erlahmen ihre Eierstöcke nach und nach, bis sie schließlich ihre Tätigkeit vollkommen einstellen. In dieser Zeit setzen dann auch die monatlichen Regelblutungen aus, die rund fünfunddreißig Jahre den Lebensrhythmus der Frau bestimmt haben. Sie ist in die Wechseljahre gekommen.

Mit dem Ende der Zeit, in der sie Kinder gebären konnte, gehen rasante Veränderungen im Hormonhaushalt, aber auch im Stoffwechsel und anderen Lebensfunktionen einher. Es ist logisch, dass derart massive Veränderungen starke Spuren hinterlassen – im Körper, im Geist und in der Seele.

Bei vielen Frauen stellt sich das Gefühl ein, jetzt endgültig an der Schwelle zum Alter zu stehen, als Frau nicht mehr vollwertig zu sein. Häufig treten Depressionen oder sehr starke Stimmungsschwankungen auf – ähnlich wie manchmal in der Schwangerschaft. Zeitweise geraten die Steuerungen von Herz und Kreislauf außer Kontrolle, Hitzewallungen wechseln sich mit Perioden des Fröstelns ab. Das biologische Ende der Fruchtbarkeit stürzt manche Frauen auch in eine Sinnkrise. Dabei könnten sie im Dialog mit Gott auch erfahren, wie sinnvoll die Einrichtung der Wechseljahre ist. Denn sie stellt sicher, dass man in höherem Alter, in dem Krankheiten häufiger werden und die körperliche Leistungskraft abnimmt, von der jahrelangen Schwerarbeit des Kinder-

Großziehens verschont bleibt. Andere Aufgaben werden wichtiger, z. B. die Betreuung der älteren Generation, das Engagement für andere Menschen, die Mitarbeit an einem guten Projekt, die Funktion als Großmutter oder auch das berufliche Weiterkommen.

In diesem Sinn sind Wechseljahre sehr umfassend zu verstehen, denn es verändert sich nicht nur der Körper, Gott gibt mit ihnen auch die Chance, sein Leben vollkommen neu auszurichten, Fortschritt und Veränderungen hin zu einem Lebensabschnitt zu erleben, von dem viele glauben, man sei jetzt endgültig zu alt und ansonst erfahren, um sich zu ändern.

Diese Umstellungen können samt den damit verbundenen Beschwerden über mehrere Jahre andauern, da beispielsweise der Spiegel der wichtigsten Geschlechtshormone erst sieben Jahre nach der letzten Periode seinen Tiefststand erreicht. Insgesamt dauert es zwölf bis dreizehn Jahre, ehe der gesamte Hormonhaushalt sich umgestellt und neu eingepegelt hat.

Gerade in diesen kritischen und schwierigen Jahren ist es sinnvoll, die Selbstheilungskräfte des Körpers zu aktivieren und ständig wachzuhalten. Denn das Bekämpfen einzelner unangenehmer Begleiterscheinungen der Wechseljahre mit Hilfe von Medikamenten ist zwar bequem, ersetzt aber nicht die Notwendigkeit, seine neue Lebenslage mit allem, was dazu gehört, zu akzeptieren. Im Heilgebet legt man seine widersprüchlichen Gefühle, die körperlichen Beschwerden und die Frage nach der eigenen Zukunft vor Gott. Auf diese Weise versucht man, das Seelenleben zu harmonisieren und so zu stärken, dass es auch auf Körper und Geist positiv wirkt.

Gebet

Was vergangen ist, ist vergangen.
Trotzdem macht sich in mir
immer wieder Trauer bereit,
Jetzt ist die Zeit der Jugend,
sind die angeblich besten Jahre vorbei.
Ein Teil meines Körpers,
der mich zur Frau machte, hat aufgehört,
zu arbeiten.
Nutzlos liegen die Eierstöcke
in meinem Leib.
Manchmal glaube ich,
dies sei die erste Ahnung des Todes.
Dabei vergesse ich,
dass die zurückliegenden Jahre zwar
sehr schön und erfüllt waren,
mein Leben aber noch lange nicht zu
Ende ist,
nur weil die fruchtbaren Jahre
vorüber sind.

Oh Herr, mein Gott,
lass mich nicht jammern
über das, was mir jetzt angeblich fehlt,
sondern schenke mir die Freude auf das,
was die kommenden Jahre interessant
und erfüllt machen wird.
Gib mir die Geduld,
weder zornig zu werden
noch zu verzagen,
wenn es wieder einmal besonders schlimm

auf und ab geht
mit mir,
wenn mich die Hitze überkommt,
wenn mich Verzweiflung
mutlos zu machen droht.

Gib mir die Kraft,
dass nicht der Körper
mit seinen großen Umwälzungen,
mit dem Chaos der Veränderungen
Gewalt über mich erlangt
und mich unterdrücken kann.
Ich weiß mich geborgen in Deiner Hand
und ich will den Platz ausfüllen,
auf den Du mich setzt.
Immer stärker merke ich,
dass die Wechseljahre und das Älterwerden
ein permanenter, faszinierender
und spannender Prozess sind.
Es ist schön, dass ich dies erleben darf!
Danke, mein Gott, für diese Gnade.

ERKRANKUNGEN DER NIEREN UND HARNWEGE, MÄNNERLEIDEN

Harnwegs- und Blasenleiden

Entzündungen und Reizungen der Harnwege und der Blase gehören zu den häufigsten Krankheiten, die Frauen befallen. Doch auch unter Männern sind sie vor allem in älteren Jahren relativ weit verbreitet. Dass Frauen häufiger davon betroffen sind als Männer, hängt damit zusammen, dass ihre sehr kurze Harnröhre in das feuchtwarme Milieu der Scheide mündet, in dem Bakterien und Pilze gut wachsen können, während sie beim Mann direkt ins Freie führt.

Daher breiten sich auch Reizungen und Entzündungen aus dem Scheidenbereich sehr schnell nach oben, also in Richtung Harnröhre und Blase aus. Für die Reizungen und anderen Störungen gilt, wie für die meisten anderen Krankheiten, dass sie sich besonders gut und schnell ausbilden können, wenn beim Patienten oder der Patientin die Abwehr nicht voll einsatzbereit ist.

Das bedeutet, auch eine negative Stimmungs- und Gemütslage kann letztendlich dafür mitverantwortlich sein, daß Harnwegs- und Blasenprobleme entstehen. Die Symptome, die sich dabei zeigen, sind sehr unterschiedlich.

In den meisten Fällen wird man natürlich ein Brennen und Stechen beim Wasserlassen verspüren. Meist ist auch der Harndrang verstärkt, so dass man besonders häufig zur Toilette gehen muß. Andere Menschen reagieren mit einer sogenannten Reizblase: Sie müssen in kurzen Zeitabständen immer wieder zum Wasserlassen gehen, weil sie einen überstarken Harndrang verspüren. Auf der Toilette dann ist der „Erfolg" meist sehr gering. Man kann nur eine kleine Menge Wasser lassen, oft nur ein paar Tropfen.

Grundsätzlich ist mit einer gereizten oder entzündeten Harnröhre beziehungsweise Blase nicht zu spaßen. Nicht oder zu spät behandelt, kann daraus eine ernsthafte, langwierige Erkrankung entstehen, die auch auf andere Organe wie die Niere, die Eierstöcke, oder die Hoden übergreifen kann. Der Besuch des Arztes ist daher unerläßlich.

Indem man seine Heilkräfte mobilisiert, kann man die Gefahr ganz erheblich herabsetzen, solche Harnwegs- oder Blasenkrankheiten zu bekommen. Zunächst einmal sollte man allerdings die optimalen Voraussetzungen dafür schaffen, dass die Ausscheidungsorgane unbehindert mit voller Leistung arbeiten können. Dazu gehört vor allem, jeden Tag ausreichende Mengen an Flüssigkeit zu sich zu nehmen. Menschen, die zu Harnwegserkrankungen neigen, sollten dazu bevorzugt Nieren- und Blasentees trinken.

Heilgebete tragen dazu bei, die Selbstheilungskräfte des Körpers in ständiger Alarmbereitschaft zu halten, damit sie im Notfall sofort einsatzbereit sind. Vor allem solche Menschen sind gefährdet, die viel in sich „hineinfressen“, sich viel bieten lassen, ohne sich zu wehren und sich kaum trauen, ihre Gedanken und Gefühle anderen mitzuteilen. Daher setzt das Gebet auch beim Selbstbewußtsein an, das gesteigert wird. Wenn man mit sich und der Welt zufrieden ist, dann haben selbst solche Krankheiten spürbar weniger Chancen auszubrechen, die scheinbar ganz leicht erklärbare medizinische Ursachen haben.

Gebet

Andauernd drängt es mich,
zur Toilette zu gehen,
weil ich das Gefühl habe, gleich zu platzen.
Doch wenn ich dann dort bin,
lohnt es sich kaum. Anstatt
einer großen Wassermenge
perlen lediglich ein paar Tröpfchen heraus,
aber die verursachen stechende Schmerzen,
die bis in den Oberschenkel strahlen.
Es macht mir Schwierigkeiten,
Wasser zu lassen.

Manchmal habe ich den Eindruck,
dass Niere und Blase das nachmachen,
was ich ihnen vormache:
Alles auf mich einströmen lassen,
mich nicht wehren, wenn mir Unrecht
widerfährt,
ja zu sagen, auch wenn ich nein meine,
alles zu schlucken, was mir zugemutet wird.
Und da ist es dann irgendwo drin in mir
und kann nicht mehr heraus.

Herr, mein Gott,
manchmal ist mein Herz genauso prall
gefüllt, wie eine Blase –
doch es gibt keinen Abfluß.
Ich habe Angst, jemandem wehzutun,
wenn ich mir nicht alles gefallen lasse.

Und dabei weiß ich,
dass ich für andere eigentlich nur der
Dumme bin,
mit dem sie machen können,
was sie wollen.

Oh Gott, lass mich werden wie ein Fluss,
der alle Wasser, die in ihn hineinströmen,
ein Stück weit mitnimmt,
und sie dann aber in einen See
oder ins Meer entläßt.
Gib Du mir das Selbstvertrauen
und den Mut, anderen
das zurückzugeben,
was sie mir aufhalsen.

Nierenleiden

Die Nieren sind hochempfindliche Organe. Das kommt auch schon in der Redewendung zum Ausdruck: „Das ging mir aber an die Nieren!“ Dass die Nieren sehr empfindliche Gradmesser des Seelenlebens sind, kann man in vielen Situationen selbst erleben: Es ist ganz normal, daß beispielsweise kleine Kinder, obwohl sie längst keine Windeln mehr benötigen, sich vor Aufregung in die Hose machen, wenn der Nikolaus kommt oder sonst ein aufregendes Ereignis stattfindet.

Aber auch erwachsene Menschen müssen ganz dringend zur Toilette, wenn ihnen ein Examen, oder eine Inspektion durch einen Vorgesetzten ins Haus steht. Selbst Schauspieler, die schon jahrelang auf der Bühne stehen, verspüren kurz vor dem Auftritt einen schier unwiderstehlichen Drang, zur Toilette zu gehen.

Immer dann, wenn etwas Neues, Unbekanntes oder Unangenehmes bevorsteht, dem man aus Furcht oder Bequemlichkeit aus dem Wege gehen will, schaltet sich die Niere ein und versucht, einen Fluchtweg Richtung Toilette zu eröffnen.

Alle Emotionen, die wir ausleben oder die uns erfassen, schlagen sich auf die Nieren nieder. Das wissen Ärzte schon lange und können es anhand der Nierendurchblutung sogar messen. Starker Zorn, große Wut oder bodenlose Angst können die Durchblutung der Niere so drosseln, dass beinahe kein Urin mehr gebildet wird.

Auch die Ernährung oder die Einnahme von Medikamenten wirken auf die Nieren. So begünstigt beispielsweise ein großer Zuckerkonsum die Bildung von Nierensteinen. Bestimmte Antibiotika, beispielsweise Sulfonamide, können in den Nieren kristallartige Ablagerungen bilden, wenn man sie nicht mit sehr viel Flüssigkeit einnimmt.

Aufgabe der Selbstheilungskräfte bei der Gesundung und der Gesunderhaltung der Nieren ist es, die Ausgeglichenheit, Aufgeschlossenheit und seelische Stabilität zu fördern. Außerdem sollen sie verhindern, dass man sich Gewohnheiten aneignet, die schädlich auf die Nieren wirken.

Dazu gehören beispielsweise die Scham, dann zur Toilette zu gehen, wenn man muss, sobald man in Gesellschaft anderer Menschen ist, oder der Verzicht auf ausreichende Flüssigkeitszufuhr, um die „peinliche" Situation erst gar nicht entstehen zu lassen, dass man in Gegenwart anderer die Toilette aufsuchen muß.

Gebet

Warum eigentlich finde ich mich
mit meiner dünnen Haut ab,
die nicht verhindern kann,
dass mir jeder Ärger, jede Bosheit
und jeder Schrecken sofort
auf die Nieren schlägt?
Ich will lernen, meinen Zorn
hinauszurufen,
eine Beleidigung zurückzuweisen
und meine Angst zu bewältigen.
Ich lerne, auf andere zuzugehen,
mich ihnen zu öffnen und offen
für sie zu werden.
Denn das führt mich aus der Isolation,
deren einziger Ausweg immer meine
Nieren sind.
Ich gewöhne mich daran,
dass es etwas ganz Normales ist,
dass man zwischendrin
immer wieder einmal
zur Toilette gehen muss.
Und wenn andere darüber lachen,
dann zeigen sie nur, wie dumm sie sind.

Ich danke Dir, mein Gott,
dass Du mir den Rücken so sehr stärkst,
dass ich alles, was ich tue,
mit hocherhobenem Haupt machen kann,
weil es die anderen ja auch so tun.

Potenzstörungen

Es ist so ziemlich eine der schlimmsten denkbaren Beschimpfungen, wenn man zu einem Mann sagt: „Du bist ja impotent!“ Im Gegensatz zur Frau, deren Weiblichkeit sich längst nicht so einseitig in ihrer erfolgreichen Rolle als Geschlechtspartnerin manifestiert, ist der Mann immer noch sehr stark dem Gedanken verhaftet, er sei nur dann durch und durch vollwertig, wenn ihn seine Manneskraft nicht im Stich läßt.

Allen Bemühungen zum Trotz, überkommene Rollenbilder zu überwinden, halten sich wohl die meisten Männer noch immer für Angehörige des „starken Geschlechts“. Ein Symbol seiner Kraft ist es auch, „allzeit bereit“ zu sein. Und wenn es einmal nicht so ist, dann fühlt er sich als Versager, als Zielscheibe von Hohn und Spott – auch wenn sich niemand über ihn lustig macht. Die männliche Eitelkeit ist gekränkt und zwar an der empfindlichsten Stelle. Noch immer ist es für viele Männer wichtiger, „es“ besonders gut zu „machen“, anstatt sich darum zu bemühen, wirklich auf seine Frau einzugehen und ganz für sie dazusein. Wenn der Mann lernen würde, dass zum Liebesakt zwei Menschen gehören, deren Harmonie sich auf Dauer nur dann beweisen kann, wenn die Beziehungen aus einem echten, gleichberechtigten gegenseitigen Geben und Nehmen besteht, hätte er vermutlich wesentlich weniger Probleme. So aber glaubt er, sich und seiner Frau beweisen zu müssen, was er doch für ein toller, leistungsfähiger Kerl ist. Dabei mag es sein, dass die Frau vielleicht lieber einen zärtlichen, verständnisvollen Freund als den kräftigen Liebhaber hätte. Es ist bezeichnend, dass Impotenz häufig erst nach Jahren einer vermeintlich glücklichen Beziehung auftritt. Denn es dauert seine Zeit, bis aus den kleinen, oft nicht ausgesprochenen Enttäuschungen und Differenzen schließlich eine sichtbare Störung wird – beispielsweise eben eine Impotenz.

Das Problem Impotenz hat nämlich nie der Mann allein, es ist immer ein Zeichen, dass irgend etwas in der Beziehung nicht stimmt. Deswegen können auch nur Mann und Frau gemeinsam dagegen ankämpfen und die Schwierigkeit zu überwinden suchen. Die Heilung dauert oft recht lange und erfordert auf beiden Seiten sehr viel Geduld, Beharrlichkeit und vor allem gegenseitiges liebevolles Verständnis.

Dies zu lernen, fällt vielen Männern nicht ganz leicht, da sie es ja gewohnt sind, viele Dinge allein zu machen. So gesehen kann und muß das Problem Impotenz sogar zum Schlüssel für eine vollkommen neue Qualität in der Beziehung der beiden Partner werden.

Das Problem Impotenz schenkt dem Mann auch eine besondere Chance, seine Gefühlswelt einmal genauer unter die Lupe zu nehmen. Wie steht es mit der Liebe zu meiner Frau? Wie trete ich anderen Menschen gegenüber? Überwiegen Mißtrauen, Skepsis und Ablehnung, wenn ich neue Menschen kennenlerne oder alte Bekannte treffe?

Im Dialog mit Gott kann aber auch die Einsicht wachsen, dass körperliche Leistungsfähigkeit eine Gabe ist, mit der man voller Verantwortung und

Dankbarkeit umgehen sollte anstatt unbeirrbar mit ihrer selbstverständlichen, ständigen Verfügbarkeit zu rechnen.

In Heilgebeten meditiert man, um seine Männerrolle zu überdenken, vom Macher zum Empfänger zu werden und sich liebevoll vertrauend auf das feste Band der Liebe zu verlassen. Ideal ist es, wenn Mann und Frau gemeinsam meditieren.

Gebet

Anfangs dachte ich,
es handelt sich nur um eine kurze
Schwäche.
Heute weiß ich es besser.
Herr, was ist nur los mit mir,
was habe ich falsch gemacht.

Aber vielleicht ist es ja gerade der Grund,
dass ich immer alles machen will
und es nicht lerne, auch etwas zuzulassen.

Ich möchte entdecken,
dass auch meine Frau ihren Spielraum
braucht

– ja, ich möchte ihr diesen Spielraum von
mir aus anbieten.
Ich möchte lernen,
dass zuhören und erspüren ihrer Wünsche
für mich wichtiger sind
als der Beweis meiner „Leistungskraft“.
Und dann werde ich neu erfahren,
was das heißt: Liebe!

Prostatakrankheiten

Die Prostata ist eine Drüse, die bei Männern die Harnröhre am Boden des Beckens umschließt. Sie ist normalerweise nicht zu spüren und bereitet auch keinerlei Probleme. Ist sie allerdings entzündet oder von einem Tumor befallen, dann schwillt sie häufig an und drückt den Harnleiter zusammen. Die Folge: Der Mann hat zunächst Schwierigkeiten beim Wasserlassen.

Dies kann man anfangs durch einen erhöhten Druck auf die Blase kompensieren. Es bleibt allerdings häufig ein Rest Urin in der Blase zurück, der zu schlimmen Infektionen führen kann.

Aus diesem Grund dürfen eine Entzündung oder ein Tumor der Prostata nicht allzu lange unbehandelt bleiben. Außerdem verschlimmert sich das Leiden in der Regel, so dass irgendwann die Harnröhre vollkommen undurchlässig wird. Spätestens in diesem Stadium wird die Krankheit auch ausgesprochen schmerzhaft.

Zur Behandlung muß man sich in jedem Fall zum Facharzt begeben. Man kann und sollte dessen Therapie jedoch durch Mobilisierung seiner Selbstheilungskräfte unterstützen und kann in manchen Fällen sogar die Ursache der Krankheit beseitigen. In vielen Fällen sind Männer mit Prostata-Problemen nämlich extrem ehrgeizig. Auf der anderen Seite aber mangelt es ihnen sehr an Selbstvertrauen und an Mut, sich anderen Menschen zu öffnen.

Das Heilgebet führt daher auch dahin, sich selber anzunehmen, so wie man ist, seinen Ehrgeiz auf ein realistisches Maß zurückzuschrauben und Ängste abzubauen.

Gebet

Das Brennen und der Druck in meinem
Unterleib machen mir Angst –
genauso, wie ich Angst habe,
jemanden wirklich kennenzulernen,
offen und ehrlich mit ihm umzugehen.
Dabei wäre es doch so viel einfacher,
wenn ich mich öffnen könnte.
Verschlossen zu sein ist quälend,
so, wie ich es jetzt spüre,
wo ich nicht richtig Wasser lassen kann.

Ich werde offen und mit mir
wird auch meine Harnröhre wieder offen
und durchlässig.
So wie der Druck sinkt,
der sich immer dann auf mich legt,
wenn ich wieder einmal versagt habe
oder wieder etwas Neues
auf mich einstürmt,
so wird auch der Druck verschwinden,
der meinen Unterleib quält
und ihm Schmerzen bereitet.
Ich werde frei sein, wie ein Bach,
der sich seinen Weg sucht und fließt,
wo es ihm gefällt.

Das ermöglichst mir Du, mein Herr und
Gott, habe meinen innigen Dank dafür.

STOFFWECHSEL-ERKRANKUNGEN

Chronischer Durchfall

Schon ein einfacher Durchfall, wie man ihn beispielsweise im Sommer leicht einmal erleben kann, wenn man an einem heißen Tag eine riesige Portion Eis gegessen und damit seine Verdauungsorgane durcheinandergebracht hat, ist äußerst unangenehm: Man fühlt sich abgeschlagen, schlaff, ausgelaugt. Alle Kraft und Lebensfreude scheint mit dem Durchfall den Körper verlassen zu haben. Die Knie sind schwach und geben das Gefühl, sie könnten den Körper kaum noch tragen.

Ganz plötzlich ist man in seiner Bewegungsfreiheit eingeschränkt: Man traut sich nicht allzu weit weg von der nächsten erreichbaren Toilette. Zur Abgeschlagenheit kommt auch noch das Gefühl, einer an sich belanglosen Störung hilflos ausgeliefert zu sein.

Wieviel schlimmer muß es dann sein, wenn man chronisch an Durchfall leidet, also beinahe jeden Tag davon betroffen ist. Die körperliche und geistige Leistungsfähigkeit nimmt rapide ab, man wird antriebslos, fühlt sich ständig müde und ist mit seinen täglichen Pflichten heillos überfordert.

Viele Menschen, die unter chronischem Durchfall leiden, werden dadurch so geschwächt und gequält, daß sie sogar Selbstmordgedanken hegen. Denn in vielen Fällen versagt die ärztliche Kunst vor dieser Krankheit. Ja, in manchen Fällen wird sie gar nicht als Krankheit erkannt, sondern als Folge von Einbildung oder Nervosität abgetan und der Patient bestenfalls mit Beruhigungsmitteln abgespeist.

Das einzig richtige bei dieser Art von Behandlung ist die Erkenntnis, daß der Patient möglicherweise „unruhig“ ist. Die alten Griechen, wie auch viele andere Völker der Antike vermuteten den Sitz der Seele im Bauch. Dieser Glaube resultiert aus der Beobachtung, dass viele Dinge im Leben buchstäblich auf den Bauch schlagen: Viele Menschen können vor aufregenden, entscheidenden Ereignissen wie Prüfungen tagelang nichts essen. Starke Schrecken und große seelische Erschütterungen schlagen sich in Bauchschmerzen nieder. Eine langersehnte, gute Nachricht, auf die man allzulange warten musste, erleichtert einen so, dass man ein angenehmes Gefühl von Wärme und Leichtigkeit im Bauchraum verspürt, als ob sich dort ein Knoten gelöst hätte.

Chronischer Durchfall entsteht zunächst einmal, wenn sich der Dickdarm ganz oder teilweise entzündet. Dies kann durch „normale“, medizinisch feststellbare Vorgänge, wie beispielsweise eine Lebensmittelallergie, eine chronisch-entzündliche Darmerkrankung, die laufende Reizung durch scharf gewürzte, zu kalte oder zu heiße Speisen und Getränke, durch Medikamente oder als Folge anderer Erkrankungen passieren.

In den meisten Fällen aber ist zumindest der chronische Durchfall Folge eines psychosomatischen Prozesses. Relativ viele Betroffene sind Menschen, die ein eher ängstliches und weichliches Naturell haben, sich eher anpassen, als ihre Wünsche durchsetzen und sich eher von anderen abhängig machen, als selber Führungspositionen zu übernehmen.

So quälend und lähmend ein chronischer Durchfall auch ist, man kann ihn trotzdem mit großer Aussicht auf Erfolg behandeln – mit der unschätzbaren Hilfe der Selbstheilungskräfte. Das Heilgebet zielt vor allem darauf ab, das Ich-Gefühl zu stärken und den Mut aufzubauen, sich mit seinen eigenen Bedürfnissen zu Wort zu melden.

Gebet

Warum eigentlich schaffe ich es nie,
meine eigene Meinung zu vertreten?
Die anderen tun es ja auch
und keiner nimmt es ihnen übel.
Insgeheim halte ich ja meine
Meinung meist doch für die bessere,
gebe es aber nicht zu,
und stimme mit denen,
die am lautesten schreien und am
entschiedensten auftreten.
Warum eigentlich versuche ich immer und
überall, mit jedem gut auszukommen,
eines jeden Freund zu werden
oder zumindest als verlässlich und hilfsbereit zu
gelten?
Andere tun das auch nicht
und ihnen geht es besser als mir.

Gott,
grenzenloser Egoismus ist der falsche Weg.
Aber es ist auch der falsche Weg,
wenn mir mein eigener Standpunkt so
wenig wert ist,
dass andere ihn mit einem einzigen Argument
verändern können.
Ich werde nicht mehr das brauchbare,
allzeit bereite
und für alle unangenehmen Aufgaben
zuständige Wesen sein.
Ich lasse mir nicht mehr alles aufbürden,

um dann hinterher in Panik zu geraten,
weil ich überlastet bin.

Oh Gott, das wird unsäglich schön werden,
wenn ich meine eigenen
Kanten und Profile entwickle,
wenn ich Widerstand leisten kann.

Dann wird auch mein Darm wieder
normal arbeiten,
die Kraft und der Lebensmut kehren
zurück.

Übergewicht – Fettsucht

Noch nie hat es so viele Menschen gegeben, die zu viele Pfunde mit sich herumtragen, wie heute. Das ist kein Wunder, denn schließlich leben wir ja keineswegs in einer Hungersnot, sondern in Zeiten des Überflusses. Doch warum bleiben die einen Menschen rank und schlank, während die anderen „aufgehen wie ein Hefekuchen"?

Die Antwort ist ganz einfach: Dicke Menschen essen zuviel. Es sind ungesunde Essgewohnheiten, die zu Übergewicht führen: Man gibt auch schon dem kleinsten Hungergefühl möglichst schnell nach, man ernährt sich einseitig, man isst und trinkt zu kalorienreich, vor allem zu fett und süß. Das Wichtigste aber ist, jede einzelne Mahlzeit ist viel zu gut und üppig bemessen.

Dadurch bekommt der Körper plötzlich in großen Schüben ungeheure Mengen an Nährstoffen, mit denen er nichts anderes anfangen kann, als sie größtenteils in Fettpolster umzuwandeln. Er braucht solche Mengen an Energie keinesfalls, sie schaden eher. Denn sie belasten Bauchspeicheldrüse und Leber, ja den ganzen Organismus.

Einmal anders herum gesehen: Wer unter Stoffwechselstörungen, Herz-Kreislauferkrankungen oder Arteriosklerose leidet, kann in vielen Fällen allein schon dadurch gesund werden oder zumindest ein Fortschreiten der Krankheit verhindern, dass er fastet und sein

Gewicht auf ein gesundes Maß reduziert. Naturärzte, aber zunehmend auch Schulmediziner empfehlen ihren Patienten sogar bei Erkältungskrankheiten und anderen Infektionskrankheiten, für ein oder zwei Tage auf Nahrung zu verzichten, damit der Körper sich mit voller Kraft der Bekämpfung der Krankheit widmen kann und sich nicht mit der schweren Arbeit der Verdauung befassen muß.

Es sind also in der Regel falsche Essgewohnheiten,die zu Übergewicht führen. Nur in seltenen Fällen ist die Fettsucht durch ein organisches Leiden bedingt. Das einzige Mittel, die überflüssigen Pfunde loszuwerden, ist: weniger, doch gesünder essen und sich möglichst viel – am besten an der frischen Luft – bewegen. Alle angeblichen Wunderdiäten, die in Illustrierten und Zeitungen als absolut sichere Abnehm-Hilfen angepriesen werden, taugen überhaupt nichts und sind eher gefährlich als gesund. Selbst wenn man innerhalb einer Woche wirklich die versprochenen zehn Pfund abnehmen sollte, so sind sie nach spätestens einem Monat wieder da.

Die Wurzel des Übels sind die meist bereits in der Kinderzeit erworbenen falschen Essgewohnheiten. Und was man sich in Jahren oder Jahrzehnten angewöhnt hat, lässt sich natürlich nur sehr schwer und meistens nicht von heute auf morgen ändern. Das größte Problem ist, durchzuhalten, wenn man sich einmal entschlossen hat, seine Ernährung vernünftig zu gestalten: Nicht mehr zwei oder drei riesige Mahlzeiten einzunehmen, sondern lieber fünf bis sechs kleinere, die man gleichmäßig über den Tag verteilt. Nicht nur Fleisch und Wurst, sondern auch Gemüse und Vollkornprodukte sollten auf dem Speiseplan stehen, damit der Körper ein ausgewogenes Angebot aller benötigten Nahrungsstoffe bekommt.

Nicht vergessen darf man dabei die heimlichen Dickmacher: Das Glas Wein oder Bier oder das Stück Schokolade, mit dem man sich den Feierabend versüßt – und die oft genug nochmals genauso viele Kalorien liefern, wie das vorangegangene Abendessen.

Wem bewusst wird, dass er zu dick ist, der wird sich auch Gedanken darüber machen, dass sein Körper ein Geschenk Gottes ist, mit dem man verantwortungsvoll und liebend umgehen soll. Es ist daher auch ein Stück Missachtung der Schöpfung, wenn man ihn mit zu viel Essen malträtiert anstatt ihn so zu ernähren, wie es gut für ihn ist.

Mit Hilfe des Heilgebets motiviert man sich, die falschen Essgewohnheiten abzustellen. Man baut sich die Zielvorstellung auf, einen schlankeren, ansehnlicheren Körper zurückzuerhalten, indem man weniger und vernünftiger isst und trinkt. Ganz wichtig ist es, während der Zeit, in der man abnimmt, sehr viel Flüssigkeit zu sich zu nehmen – aber bitte nur kalorienarme Getränke.

Gebet

Es ist ganz schön viel,
was ich da an Gewicht mit mir herumtrage
und das tut mir gar nicht gut.

Neidisch betrachte ich die Körper
anderer Menschen, die so herrlich
rank und schlank sind,
die einfach eine gute Figur machen.

Ich weiß, ich erreiche nur dann
mein richtiges Körpergewicht,
wenn ich weniger esse und trinke.

Dann werde ich mich wieder
wohler fühlen
in meiner Haut, werde stolz
und voll Zufriedenheit
in meinem Körper wohnen.

Gott, gib mir die Kraft,
dass ich meine Hand zurückziehe,
bevor ich mir zur Belohnung
wieder ein Stück Schokolade in den
Mund schieben will,
lass meinen übermächtigen Appetit
auf Süßigkeiten,
alkoholische Getränke und deftiges Essen
verschwinden.

Mit Deiner Hilfe schaffe ich es,
meinen Teller nicht mehr randvoll
zu packen,
sondern nur so viel zu nehmen,
dass der Hunger
nicht mehr zu spüren ist.
Und bevor er wiederkommt,
werde ich eine kleine,
leichte Zwischenmahlzeit einlegen.
Natürlich ist es schwer,
zu widerstehen,
wenn meine Lieblingsgerichte
vor mir stehen,
aber der Wunsch, mein Gewicht zu
verringern,
wird mächtiger als der Heißhunger
bleiben.

Gott, Du hast mir meinen herrlichen Körper
geschenkt.
Ich will ihn in Ehren halten,
indem ich ihn
auf sein gesundes Gewicht zurückführe.
Habe Dank dafür, dass Du mir dabei hilfst.

Fress-Brechsucht

Es gibt Menschen, die haben niemals richtig Hunger, sind aber auch niemals richtig satt. Zu den regulären Mahlzeiten essen sie daher oft ganz vernünftig. Zwischendrin jedoch überfällt sie ein unstillbarer Heißhunger, dem sie nicht widerstehen können.

Besonders in Stresssituationen, bei bevorstehenden Prüfungen oder in Zeiten, in denen man mit persönlichen Problemen zu kämpfen hat, tritt dieser Heißhunger auf. Um sich zu beruhigen oder zu belohnen, verschlingen die Betroffenen oft große Mengen an Süßigkeiten oder anderen Dingen, die ihnen besonders gut schmecken. In einem solchen Fall spricht man von Fresssucht.

Es gibt jedoch noch eine weitere Variante dieser Störung: Kaum haben die Betroffenen ihren Heißhunger befriedigt, sagt ihnen ihre „Vernunft“, dass es falsch war, so viel auf einmal zu essen. Ihnen wird daraufhin von alleine übel und sie müssen sich erbrechen, oder aber sie rufen den Brechreiz bewusst hervor. Diese Störung bezeichnet man als Fress-Brechsucht oder Bulimie.

Patienten, die unter Fress-Brechsucht leiden, hassen in der Regel ihren Körper. Sie fühlen sich ständig zu dick. Deswegen wollen sie möglichst sofort erbrechen, wenn sie etwas gegessen haben. Auf diese Weise soll der Körper vor überflüssigen Pfunden bewahrt werden. Dabei verlieren die Patientinnen – denn es sind fast ausschließlich Mädchen und junge Frauen betroffen – zunehmend den Bezug zur Realität. Selbst wenn sie schlank sind, fühlen sie sich zu dick und empfinden daher Unbehagen und Hass auf ihren Körper.

Ihre Gedanken kreisen immer mehr um die eigene ungeliebte Figur, die schließlich für alles Negative verantwortlich gemacht wird: Für Ängste, Lustlosigkeit oder auch Langeweile.

In leichteren Fällen kann man die Störung noch selbst in den Griff bekommen, indem man die Selbstheilungskräfte des Körpers weckt. Dabei steuert man vor allem zwei Ziele an, nämlich das Akzeptieren des eigenen Körpers auf der einen Seite und den Abbau der seelischen Spannungen andererseits, die den Heißhunger auslösen.

Gebet

Es ist eigentlich verrückt, was ich tue.
Zuerst schlinge ich
Unmengen an Süßigkeiten herunter,
ohne ihren Wohlgeschmack
wirklich wahrzunehmen.
Dabei weiß ich, dass das schlecht ist
und deswegen wird mir auch sogleich übel,
ich übergebe mich.

Oh Herr, lass mich erkennen,
dass mein Körper Dein Geschenk ist,
damit ich ihn achten und lieben kann.
Er hat es gar nicht verdient,
dass ich mich an ihm räche,
wenn ich aufgeregt, nervös, gespannt
oder unsicher bin.

Schenke mir Ruhe
und Ausgeglichenheit,
lass mich Frieden finden mit mir selber.

Dann werde ich es schaffen,
beim nächsten Anfall von Heißhunger
nicht zu schlingen,
sondern ganz langsam
und bewusst zu essen,
jeden Bissen gründlich zu kauen,
seinem Geschmack nachzuspüren
und ihn zu genießen.

Beim Einkaufen meide ich die Regale,
in denen die süßen Verführer stehen.
Ich schreibe einen Einkaufszettel,
an den ich mich strikt halte
und stelle einen Essensplan auf,
an dem ich nicht rüttle.
Ich werde gelassener,
bin nicht mehr so empfindlich,
ich freue mich über mein Leben und
den herrlichen Körper,
den Du mir geschenkt hast.

Gallenleiden

Die Galle, genauer die Gallenblase, ist ein Muskelschlauch, der während der Verdauung ein Sekret an den Darm abgibt, das beispielsweise den Abbau von Fettstoffen ermöglicht. Dieses Organ kann man zwar nicht willentlich steuern, aber es unterliegt trotzdem nicht nur einer rein automatischen Steuerung durch das Verdauungssystem. Schon in der Redewendung: „Jetzt spuckt er wieder Galle", kommt zum Ausdruck, dass dieses Organ auch psychosomatischen Einflüssen unterliegt.

Die Zahl der Erkrankungen oder Störungen der Gallenblase hat in den letzten Jahrzehnten stark zugenommen. Das liegt vor allem an zwei Faktoren: Zum einen essen wir in der Regel zu fett und zu üppig, auf der anderen Seite unterliegen wir in Familie, Schule und Beruf immer häufiger einem großen Leistungsdruck.

Wir stehen sozusagen ständig unter Spannung. Und diese Spannung muß sich abbauen, beispielsweise dadurch, dass sich der Druck auf die Galle schlägt.

Ziel der heilenden Gebetsmeditation wird es daher sein, die inneren Spannungen abzubauen, Ruhe und Entspannung zu finden. Auf der anderen Seite wird das Bewusstsein für eine gesunde Ernährung gestärkt.

Gebet

Ständig stehe ich unter Spannung.
Ich fordere mich viel zu stark
und lasse mich von anderen
zu sehr einspannen.
Das tut mir nicht gut,
ich weiß das.
Und es schlägt sich auf meine Galle.
Ich spüre
an den immer wiederkehrenden Schmerzen,
wie sie darunter leidet,
sich entzündet und verkrampft.
In ihr scheinen sich alle meine Spannungen
zu sammeln.

Oh mein Gott, das will ich ändern.
Hilf mir, zu erkennen,
daß ich mit Gelassenheit und Freude
mehr erreiche als mit Anspannung
und Verbissenheit.

Löse in mir den Knoten
aus Ärger, Angst, Unsicherheit und Spannung,
der meine Gallenblase umzingelt hat
und sie umklammert hält.

Lasse es nicht mehr zu,
dass ich die Brocken an Zorn und Wut,
die man mir hinwirft,
einfach hinunterschlucke,
sondern lass mich frei und ohne Angst

meine Meinung äußern.
Lehre mich, Rücksicht zu nehmen
auf meinen Körper
und vor allem beim Essen darauf zu achten,
dass ich meine empfindliche Gallenblase
nicht unnötig belaste.

Dann, das weiß ich,
werden die Beschwerden verschwinden
und so, wie die Galle ungehindert
fließen kann,
durchströmen mich
Zufriedenheit und Ruhe.

Magenbeschwerden

Alles, was man nicht verdauen kann, schlägt sich auf den Magen. Dazu zählt ein überschweres Essen ebenso, wie Aggressionen, Nervosität, erlittene Kränkungen, unerfüllte Sehnsüchte, nicht bewältigte Aufgaben und Probleme, Ärger, Zank und Stress. Immer dann, wenn man sich überfordert oder fremden, ungeliebten Mächten und Kräften ausgeliefert fühlt, spüren dies empfindliche Menschen an Reaktionen ihres Magens. Er verkrampft sich, schmerzt, spuckt seine Säure aus, so dass Sodbrennen entsteht, er wird hart wie Beton und saugt alle Lebens-Wärme aus dem Bauch.

Vielen Menschen wird es buchstäblich flau im Magen, wenn sie ihrem Vorgesetzten gegenübertreten müssen, vor einer neuen, unbekannten Situation stehen, beispielsweise einer Arbeit, die sie vorher noch nie erledigt haben, oder wenn ein anderes Ereignis ihre dünne Haut verletzt und sie in Aufregung versetzt.

Die Folgen solcher Erscheinungen reichen vom leichten Unwohlsein über Sodbrennen bis hin zu Magenschmerzen oder gar einem Magengeschwür. Diese Krankheitsbilder sind in den meisten Fällen psychosomatisch bedingt und nicht auf „echte“ medizinische Defekte zurückzuführen. Demzufolge sollte man sie auch nicht rein medizinisch heilen, indem man beispielsweise Beruhigungsmittel oder Tabletten gegen Sodbrennen schluckt.

Viel richtiger und vor allem auf Dauer erfolgversprechender sind dagegen Methoden, welche die Krankheit sozusagen mit ihren eigenen Mitteln schlagen: Die schwachen Nerven stärken, die dünne Haut fester werden lassen, den Ärger durch Gelassenheit ersetzen, die Furcht durch Zuversicht und Selbstvertrauen bannen.

Da man im allgemeinen sehr gut weiß, wo der Magen im Bauch liegt, kann man die Wirkung des Heilgebets durch einen kleinen Kunstkniff noch verstärken, wie ihn beispielsweise auch das Autogene Training verwendet: Man legt sich eine Hand auf die Magengegend und stellt sich vor, aus ihr ströme Wärme in den Bauch. In dieser Stellung wird das Heilgebet meditiert.

Nach einiger Zeit wird sich das Gefühl von Wärme, das gleichbedeutend ist mit Leichtigkeit und dem Lösen von Verspannungen, also mit tiefer Befreiung, jedesmal dann einstellen, wenn man die Hand auf den Bauch legt. Auf diese Weise kann man sich in plötzlich auftretenden Stresssituationen schnell und wirkungsvoll gegen Magenbeschwerden schützen.

Gebet

Nichts, mein Gott, hat mir geholfen.
Ich habe gehungert,
ich habe gegessen,
ich habe versucht, auf meinen Magen
Rücksicht zu nehmen, doch er
hat es mir nicht gedankt.

Aber ich weiß, es sind nicht die Speisen
und Getränke, die ihn verstimmen.
Es sind die unverdaulichen Brocken
für meine Gefühle,
meine Seele,
mein Selbstwertgefühl,
die ihn krank machen.
Sie verursachen diese andauernden
Schmerzen,
diese ständige Übelkeit,
dieses drückende Brennen.

Ich weiß mir nicht mehr zu helfen
und deswegen rufe ich Dich an,
mein Gott.
Lass mich an Dich denken,
dann kann nichts mich beunruhigen,
kann niemand mir Angst machen,
wird sich all meine Unsicherheit
verlieren.

Du kleidest meinen Magen
mit einer starken, festen Haut aus,

die ihn sicher macht vor Verletzung und
Schmerz.
Deine heilende Kraft strömt in mich,
tief hinein in meinen Bauch
und entfacht dort eine sanfte,
heilsame, warme Glut.
Diese Wärme dehnt sich aus und lässt
den harten, eisigen Magen schmelzen,
so dass er weich und geschmeidig wird.
Die Wärme der Glut saugt das Brennen,
die Übelkeit und die Schmerzen
in sich auf.
Alles in mir wird leicht und frei,
weil Du da bist.

Magersucht

Vor allem Mädchen im Pubertätsalter, manchmal aber auch erwachsene Frauen, werden von dieser Krankheit betroffen. Sie entwickeln eine geradezu panische Angst davor, etwas zu essen und magern dadurch ganz extrem ab.

Frauen und Mädchen, die an Magersucht oder Anorexie leiden, sind in der Regel kaum in der Lage, Gefühle zu entwickeln, geschweige denn zu äußern. Beinahe jeder Gedanke gilt ausschließlich dem Essen und einer panischen Angst, ihre Körperform könnte sich verändern, sie könnten fett und aufgedunsen wie ein Ballon werden.

Typisch für die Betroffenen ist es, dass sie ihr ganzes Leben sehr pedantisch ordnen und unfähig sind, aus dem Gefängnis der selbstgeschaffenen Ge- und Verbote auszubrechen: Magersüchtige Mädchen halten beispielsweise in ihrem Zimmer oder ihrem Haushalt penibelste, pedantische Ordnung, meiden alles, was ihren gewohnten Lebenslauf ändern könnte, wie die Bekanntschaft oder gar Freundschaft zu einem Mann. Sie isolieren sich, scheinen nach außen hin arrogant und sehr selbständig, sie wirken äußerst diszipliniert. Um ihrem krankhaften Körperkult zu genügen, zwingen sie sich nicht selten täglich zu sportlichen Hochleistungen, beispielsweise beim Joggen oder Radfahren.

Natürlich halten die Betroffenen diese Lebensweise nicht vollkommen durch. So entwickelt sich in ihnen schon ein starkes Schuldgefühl, wenn sie einen Apfel oder eine Möhre essen. Geradezu Hass auf sich selber kommt in ihnen auf, wenn sie sich einmal wirklich gehenlassen sollten und etwas Süßes essen. Diese Gefühle können so stark werden, dass die Mädchen ganz unvermittelt erbrechen müssen.

Die Krankheit führt, vor allem, wenn sie während der Pubertät auftritt, zu ganz erheblichen Entwicklungsstörungen und Krankheitsbildern. Die Kranken können nicht mehr schlafen, ihre Haut wird rauh, spröde und dunkel, sie bekommen Pusteln, kleine Geschwüre, punktförmige Blutungen und eine flaumartige Behaarung. In fortgeschrittenen Stadien verlangsamt sich die Herzfrequenz, die Körpertemperatur sinkt stark ab, nicht selten endet diese Krankheit tödlich. Außerdem bleibt normalerweise die Regel aus. Dies ist ein Zeichen dafür, dass die Betroffene ihre Rolle als Frau nicht annehmen will und sich mit aller Gewalt dagegen stemmt. Es ist sehr schwer, an Magersüchtige heranzukommen. Sie halten besonders ihre Familienangehörigen strikt auf Distanz. Außenstehenden oder gar Fremden fällt es dagegen manchmal etwas leichter, Kontakt zu ihnen zu bekommen.

Oft hilft es daher, wenn eine Magersüchtige aus ihrer Familie herausgeholt und in ein anderes Milieu gebracht wird, mit dem sie sich auseinandersetzen muss. Kein Therapeut kann diese Krankheit heilen, wenn die Patientin nicht mitmachen will und es nicht schafft, sich am Heilungsprozess aktiv zu beteiligen. Das Heilgebet zielt darauf ab, für einen vertrauensvollen Kontakt zum Arzt offen zu werden, die Isolation zu überwinden und sich seiner Rolle zu stellen.

Gebet

Ich werde sterben, wenn ich es nicht
schaffe,
meine Lebenslüge zu überwinden:
Natürlich sind weder meine Hüften
zu breit
noch meine Wangen zu dick – ganz im
Gegenteil:
Ich gleiche eher einem Skelett
als einem gesunden Menschen.

Hilf mir, Gott,
dass ich aus meinem selbstgebauten Käfig
heraustreten kann, dass ich mich selber
und auch meinen geplagten Körper
annehmen
und mich an ihnen freuen kann.

Hilf mir, die Mauern niederzureißen,
die ich zwischen mir,
meiner Familie
und allen anderen Menschen errichtet
habe.
Lass mich erfahren, dass die Nahrung,
die ich brauche, ein Geschenk von Dir ist,
das ich voll Dankbarkeit genießen kann.
Halte meinen Magen ruhig,
dass er das Essen auch annimmt und
behält.

Ich sehe mich schon fröhlich,
offen und zufrieden
auf meine Mitmenschen zugehen.
Ich sehe mich voll Spaß
und Befriedigung einen Sport treiben,
ohne mich zu Höchstleistungen zu zwingen.
Ich sehe mich frohgemut
und zufrieden mein Leben als Frau
in meine eigenen Hände nehmen.

Das alles wirst Du
an mir vollbringen können,
weil ich Dir vertraue und fest
an Dich glaube.

Verstopfung

Nicht zu Unrecht gilt regelmäßiger Stuhlgang als ein Zeichen für körperliche und seelische Gesundheit. Dabei ist es gar nicht wichtig, ob man jeden Tag seinen Darm entleeren kann oder vielleicht nur dreimal in der Woche. Wichtig ist allerdings, dass der Körper einen eigenen Rhythmus für den Stuhlgang entwickelt, der eine gewisse Regelmäßigkeit aufweist.

Eine falsche, ballaststoffarme Ernährung kann allerdings dazu führen, daß der Stuhlgang oft über mehrere Tage ausbleibt. Diese Gefahr wird noch verstärkt, wenn man sitzende Tätigkeit ausübt und sich zu wenig bewegt.

In der Folge kann sich der im Darm befindliche Stuhl derart verhärten, dass es unmöglich wird, ihn auf normalem Wege auszuscheiden. In einem solchen Fall werden Ärzte sogenannte Laxantia oder Abführmittel verordnen. Sie fördern zum einen die Verdauungsbewegungen des Darms und erweichen zum anderen den verhärteten Stuhl, so dass er ausgeschieden werden kann.

Die Einnahme von Abführmitteln birgt aber eine Reihe von Gefahren. So passiert es sehr leicht, dass man sich an die Einnahme der Mittel gewöhnt und der Darm nur noch dann normal arbeitet, wenn man das Medikament eingenommen hat.

Sehr häufig glauben vor allem Frauen, sie würden unter Verstopfung leiden, wenn ihr Stuhlgang ein, zwei Tage ausbleibt und greifen dann zum Abführtee oder -medikament. Ein anderer Grund, ein solches Medikament einzunehmen, kann der von der Werbung propagierte Gedanke sein, man reinige mit dem Mittel auch den Darm und seine inneren Organe.

In den meisten Fällen wird sich die Verdauung nach einer kurzen Anpassungsphase von selber auf ihren individuellen, natürlichen Rhythmus einstellen, wenn man seine Lebensgewohnheiten entsprechend ändert: Regelmäßig sinnvoll zusammengestellte Mahlzeiten einzunehmen und für ausreichende körperliche Bewegung zu sorgen.

Die Verdauung ist ein Vorgang, der scheinbar automatisch abläuft und von dem wir kaum etwas wahrnehmen, solange sie problemlos funktioniert. In aller Regel sind wir selber es, die durch falsche Ernährung, ungesunde Lebensweise für Störungen sorgen. In diesem Sinn bieten Verstopfungen wie auch andere Störungen der Verdauung die Gelegenheit, krankmachende Lebensgewohnheiten zu ändern und den Körper mit all seinen Funktionen als ein sehr persönliches Stück der universellen Schöpfung Gottes zu erfahren, und sich zu überlegen, wie man angemessen mit ihr umgehen sollte.

Das Heilgebet schafft die dazu nötige innere Einstellung, nimmt die Sorge vor der Verstopfung und befreit von den seelischen Spannungen, die den Beschwerden oft zugrunde liegen.

Gebet

Oh Herr,
ich ziehe mich so sehr in mich zurück,
dass ich nicht mal mehr meinen Stuhlgang
abgeben kann.
Nur mit Hilfe des Medikaments,
so glaube ich, kann ich meine Verdauung
aufrechterhalten und Verstopfung
vermeiden.
Dabei ist es doch so einfach,
ohne die Mittel auszukommen:
Jeden Tag einen kleinen Spaziergang
machen,
statt des Weißbrotes lieber ein
Vollkornbrötchen
zur Pause zu essen und vor allem,
meine Gedanken nicht mehr zwanghaft
auf die Verdauung zu richten.
Denn sie funktioniert allein viel besser,
als wenn ich versuche, sie zu beeinflussen.

Indem ich mich frei mache von dem
Medikament
und von der Angst um meine Verdauung,
werde ich auch freier,
mit anderen Menschen umzugehen.

Ich danke Dir, mein Gott,
dass Du mir diesen richtigen Weg weist.

Zuckerkrankheit

Zucker ist der wichtigste Energielieferant für unseren Körper. Er muss immer in einer ganz bestimmten Menge im Blut gelöst sein, damit alle Organe stets ausreichend ernährt werden können. Eine Schlüsselrolle im Zuckerhaushalt des Körpers spielt die Bauchspeicheldrüse und das von ihr produzierte Hormon Insulin.

Verschiedene Krankheiten der Bauchspeicheldrüse, aber auch anderer Organe können dazu führen, dass der Zuckerspiegel zu hoch ansteigt, oder zu tief absinkt. Die Folgen können im Extremfall Bewußtlosigkeit oder gar lebensbedrohliche Schocks sein.

Es gibt eine Reihe von Risikofaktoren, die das Entstehen der Zuckerkrankheit wesentlich erhöhen. Dazu zählen vor allem Übergewicht und falsche Ernährung. Bei alten Leuten besteht außerdem die Gefahr, dass die Leistungsfähigkeit der Bauchspeicheldrüse durch Verschleiß abnimmt.

Die Folge einer daraus entstehenden Unterversorgung mit Insulin ist ein extrem hoch ansteigender Blutzuckerwert. Dies kann auch die Ursache dafür sein, dass die Betroffenen an manchen Tagen vollkommen verwirrt zu sein scheinen: Sie reden beinahe, als wären sie betrunken oder geistig verwirrt, leiden unter teilweise heftigen Schwindelanfällen und verspüren einen unsäglichen Durst.

Natürlich kann man die Zuckerkrankheit mit Gebeten nicht heilen, wenn die hormonproduzierenden

Zellen der Bauchspeicheldrüse beschädigt oder abgestorben sind. In diesen Fällen hilft es oft nur, dem Körper durch Tabletten oder Spritzen das benötigte Insulin zuzuführen.

Auf der anderen Seite ist es aber gerade bei der Zukkerkrankheit besonders wichtig, ja lebensnotwendig, auf eine strenge Diät und vor allem die Einhaltung bestimmter Essenszeiten zu achten. Dies ist vor allem für ältere Menschen oft sehr schwer, da sie ihre über Jahrzehnte hinweg gewachsenen und liebgewordenen Lebens- und Essgewohnheiten ändern müssen.

Das Heilgebet hilft, dass den Patienten die notwendigen Maßnahmen bald in Fleisch und Blut übergehen, so dass die Gefahr von Fehlern bei der Einnahme der Medikamente und den Essensvorschriften nahezu ausgeschaltet wird.

Gebet

Oh Herr, mein Gott,
jetzt habe ich also diese Krankheit,
nach der ich meinen ganzen Tag
ausrichten muss.

Ich soll jetzt statt meiner gewohnten
drei Mahlzeiten
das Essen
auf viele kleine Zwischenmahlzeiten
verteilen.

Jedes Stück Brot, jedes Glas Wein,
jeden Apfel – alles, was ich esse und trinke,
muss ich aufschreiben und berücksichtigen,
damit der Zuckerspiegel in meinem Körper
nicht zu stark schwankt.

Außerdem darf ich nicht vergessen,
rechtzeitig
meine Medikamente einzunehmen.
Das alles schränkt mein Leben ziemlich
stark ein
und bringt meinen gewohnten
Tagesrhythmus durcheinander.

Herr, lass mich erkennen, dass diese
Umstellungen
wichtig sind und mir helfen, mein Leben
zu erhalten.

Zwar muss ich mich jetzt in vielen Dingen
einschränken,
ich darf zum Beispiel
meinen geliebten Kuchen
nur noch in verschwindend kleinen
Stückchen genießen.
Aber trotzdem – wenn ich mich daran
gewöhnt habe,
werde ich diese Einschränkungen
nicht mehr als Verlust empfinden,
da ich ja weiß,
dass ich nur mit ihrer Hilfe leben kann.

HAUTERKRANKUNGEN

Ekzem

Die Haut ist unser größtes Organ. Sie hat umfassende Aufgaben beim Schutz unseres Organismus gegen Austrocknung, Verletzung, und andere Schäden, beispielsweise durch Strahlung. Neben Darm und Nieren ist sie das größte Ausscheidungsorgan unseres Körpers. Die frühen griechischen Ärzte haben sie als „Spiegel der Seele“ bezeichnet. Dabei dürfte man dieses Bild durchaus erweitern: An der Haut kann man eine ganze Reihe von Krankheiten erkennen. So äußern sich viele Infektionen, aber auch manche Organerkrankungen unter anderem auch durch Ausschläge, Hautverfärbungen, Pickel, Pusteln und Quaddeln. Je nach Zustand des Patienten kann sich die Haut sehr kalt, sehr heiß, verschwitzt, glatt, trocken, rau oder geschmeidig anfühlen.

Krankheiten, die sich durch entstellende Veränderungen der Haut zeigen, bedeuten seit jeher eine besondere Belastung für die Betroffenen. Zu biblischen Zeiten wurden sie als unreine Menschen aus der Gesellschaft ausgestoßen und mussten abgeschieden leben, damit sie niemanden anstecken konnten. Gerade ihnen widmete sich Jesus besonders, z. B. mit der Heilung des Aussätzigen. Er machte damit auch klar, dass Gott den Menschen sieht, der „in seiner Haut steckt“, aus der er nicht herausschlüpfen kann. Er macht aber auch deutlich, dass viele unserer Berührungsängste unbegründet sind.

Ekzeme gehören zu den häufigsten Krankheitszeichen, sind jedoch keine eigene Krankheit. Sie weisen immer nur auf eine vorliegende Störung hin. Bekommt man beispielsweise beim Tragen eines Modeschmuck-Ringes ein Ekzem am Finger, so kann man mit einiger Sicherheit davon ausgehen, an einer Nickelallergie zu leiden. Der Kontakt dieses Metalls mit der Haut führt zu einer Rötung und zum Anschwellen der Haut. Bei heftigeren Reaktionen können auch Pickel oder andere Gebilde entstehen.

Auch wenn es sich bei einer Nickelallergie um einen „handfesten" medizinischen Befund handelt, kann man ihn trotzdem auch über die Selbstheilungskräfte des Körpers positiv beeinflussen. Überhaupt reagieren erstaunlich viele Ekzeme ganz hervorragend auf Heilgebete oder auch auf andere Formen der psychosomatischen Therapie. Das Heilgebet ruft einen ausgeglichenen Zustand von Seele und Gemüt hervor. Es sorgt dafür, dass man eine „dickere Haut" bekommt und nicht mehr so leicht verletzlich ist.

Wer ein Heilgebet für Hauterkrankungen meditiert, sollte versuchen, sich die erkrankten Hautpartien so vorzustellen, als seien sie vollkommen rein, glatt und gesund.

Man kann die Heilung auch noch dadurch unterstützen, dass man eine leichte Diät einhält, in der Zucker, sowie Schweinefleisch und daraus hergestellte Wurst vermieden werden.

Gebet

Es sieht scheußlich aus,
es juckt, spannt und brennt ganz furchtbar,
dieses Ekzem.

Aber ich weiß, mein Gott, Du wirst mir
helfen, es wieder los zu werden
und dann wird meine Haut wieder glatt
und schön sein.
Ich weiß, dass meine Haut ein Spiegel
meiner Seele ist und auch auf
krankhafte Veränderungen meiner
Organe reagiert.
Deswegen wird auch in dem Maße,
in dem das Ekzem jeden Tag ein
Stückchen mehr zurückgeht,
die Krankheit oder Störung verschwinden,
die zu dieser hässlichen Erscheinung
geführt hat.
Mit der Haut wird
mein ganzer Körper rein,
alle Gift- und Schlackestoffe
werden durch das Blut hinausgespült
und ich werde ganz gesund
und widerstandsfähig werden –
an Leib und Seele.

Und weil ich stark, gesund und
rein bleibe, wird mich
kein Ekzem mehr quälen können.

Herpes

Bei manchen Menschen treten sie zu bestimmten Jahreszeiten, beispielsweise nur zu Beginn des Winters auf, andere Menschen befallen sie immer ausgerechnet dann, wenn sie es am wenigsten brauchen können: Die Bläschen an den Lippen, die durch das Herpes-Virus hervorgerufen werden. Milliarden Menschen in allen Ländern dieser Erde tragen dieses Virus in sich.

Trotzdem treten die Lippenbläschen nur bei einigen Virusträgern zu ganz bestimmten Zeiten auf, andere merken nie etwas von ihrer Infektion. Als auslösende Ursachen für das „Aufblühen" der Bläschen kennt man fieberhafte Erkrankungen, starke Sonneneinstrahlung oder auch die Menstruation. Am häufigsten allerdings sind es psychische Faktoren, die dazu führen.

Dabei kann grundsätzlich jede positive oder negative Erschütterung den Ausbruch von Herpes hervorrufen. In vielen Fällen reicht es sogar, Angst davor zu haben, Herpes könne jetzt, zu einem besonders ungünstigen Zeitpunkt, auftreten. Aus diesem Grund bekommen manche Menschen beispielsweise ausgerechnet dann diese unschönen Erscheinungen, wenn sie sich gerade verliebt haben, sich an einem neuen Arbeitsplatz vorstellen wollen oder vielleicht auch nur einen Termin beim Fotografen haben, um ein neues Passbild machen zu lassen. Bekannt ist auch, dass Herpes zu Beginn des Winters, vor allem an den ersten wirklich kalten Tagen, besonders häufig auftritt.

Möglicherweise spielen hier leichte depressive Zustände eine Rolle.

Aus all dem folgt, dass Heilgebete, die gegen Herpes wirken sollen, vor allem die gesamte Seelenlage stabilisieren und insbesondere die Furcht vor einem Aufblühen der Bläschen beseitigen müssen.

Gebet

Diese Bläschen an den Lippen
sind so lästig.
Sie spannen und verursachen Schmerzen,
wenn sie aufplatzen.
Ihr Schorf
und die austretende Flüssigkeit wirken
ekelhaft.
Dabei habe ich es selber in der Hand,
ob sie ausbrechen oder nicht.
Wenn ich Herpes strafe,
indem ich es aus meinen Gedanken
verbanne,
hat es keine Chance mehr, aufzutauchen
und mein Gesicht zu entstellen.
Je weniger ich an Herpes denke,
je geringer meine Furcht vor ihm wird,
desto kleiner und harmloser bleiben die
Bläschen,
ehe sie ganz verschwinden.

Gib Du mir, mein Gott,
Gelassenheit und Ruhe,
damit mich weder Depressionen,
noch Sorgen
oder andere Gefühlsschwankungen so
bewegen
und erregen können,
dass dieses Virus
wieder die Chance bekommt, aufzublühen.

Neurodermitis

Warum schlägt Gott einen Menschen, vielleicht sogar ein unschuldiges, kleines Kind, mit einer derart quälenden, schmerzhaft-juckenden, entstellenden Krankheit? Ist sie Strafe oder soll sie Anlass zu Buße und Reue sein?

Krankheit ist vor allem Chance, sich Gott zu nähern oder vielmehr, ihn näher an sich herankommen zu lassen. Denn er kennt keine Berührungsangst. Er schickt die Krankheit auch nicht als Strafe, aber er antwortet, wenn wir uns gläubig an ihn wenden. Er schenkt Heilung und Hilfe, wenn wir ihn wirklich an uns heranlassen und bereit sind, sie anzunehmen. Wie die Heilung im Einzelfall aussieht, kann sehr unterschiedlich sein. Wer es schafft, die Krankheit als Teil seines Lebens anzunehmen, seinen Körper und die entstellte Haut trotzdem als Geschenk Gottes zu achten, wird die Qualen anders empfinden als vorher, wird gelassener und fühlt sich geborgen in Gott. Und dies ist ein großes Heil.

Der Begriff Neurodermitis besagt, dass es sich um eine Krankheit handelt, an der die Haut (in Griechisch: derma) und das Nervensystem (griechisch: Neuron, der Nerv) gleichermaßen beteiligt sind. Man kann sie erkennen an glatten, gelb bis rotbraun gefärbten Knötchen, sowie der Bildung von Hornhaut an den betroffenen Flächen, die hauptsächlich im Bereich von Nacken, Hals, Kniekehlen, Ellenbeugen, Innenseite der Oberschenkel, sowie rund um den Mund liegen. Relativ oft ist Neurodermitis mit quälend starkem Juckreiz verbunden. Die Krankheit tritt häufig auch zusammen mit Asthma auf.

Stress in der Schule, am Arbeitsplatz oder auch das Erleben eines schweren Schicksalsschlages lässt die Krankheit ausbrechen. Besonders schlimm ist es, wenn sie Säuglinge oder Kinder betrifft. Denn gerade Kinder leiden unter den trockenen, stark juckenden Hauterscheinungen, dem sogenannten Milchschorf, ganz furchtbar. Durch das Kratzen, an dem man Kinder kaum hindern kann, besteht immer die Gefahr, dass Infektionen entstehen, die sehr schlecht abheilen.

Neurodermitis ist unheilbar, doch kann man die Symptome, vor allem den Juckreiz, erheblich bessern. Ganz wichtig ist es, seine Haut sorgfältig und gründlich zu pflegen. Außerdem sollte man nach Möglichkeit alle Stoffe meiden, die häufig Allergien auslösen, wie Weichspüler für Wäsche, Modeschmuck und alle Arten von Putzmitteln (Handschuhe!) und Chemikalien.

Neurodermitiskranke Kinder und Erwachsene können in der Regel Kurse für Autogenes Training, Yoga oder auch in bestimmten Fällen eine Psychotherapie von der Krankenkasse bezahlt bekommen, wenn es ihr Arzt verschreibt. Denn es ist erwiesen, dass eine gesunde, stabile seelische Konstitution das Ausbrechen der Krankheit verhindert und die Symptome deutlich mindern kann. Genau dies nutzt man auch im Heilgebet, das man regelmäßig meditiert.

Gebet

Dieser juckende Ausschlag ist wirklich
furchtbar
und entstellt meine ansonsten glatte,
elastische und schöne Haut.
Ich weiß nicht, was mich so erschüttert
hat,
dass die Krankheit ausbrechen konnte.

Herr, mein Gott,
dabei weiß ich doch,
dass diese Ekzeme keine Chance haben,
wenn ich es nicht zulasse.
Wecke in mir die Kräfte,
die Neurodermitis in Schach zu halten.
Schenke mir Kraft, Freude, Zuversicht
und die Gewissheit, in Deiner Hand
geborgen zu sein.
Dann kann nichts auf der Welt
mich so erschüttern
und aus der Bahn werfen,
dass das Ekzem wiederkommt.
Die Stellen, die mich jetzt noch quälen,
werden weichen.
Sie werden immer kleiner
und hören auf zu jucken.
Ich kann voll Zuversicht und Ruhe
aufatmen
und wieder ganz normal leben.

SCHMERZEN

Schmerzen sind wie Fesseln. Sie behindern und lähmen ungemein. Sie quälen und rauben viel Lebenskraft und -freude. Sie sind Warnsignale des Körpers ebenso wie Folgen des eigenen Fehlverhaltens. Jesus erlitt die Schmerzen seines Leidensweges aus Liebe zu uns Menschen und seinem Vater im Himmel.

Schmerzen können Anlass sein, innezuhalten, sich neu zu orientieren und dann auszubrechen aus dem gewohnten Lebenstrott, geistlich, geistig wie körperlich wieder aktiver und beweglicher zu werden. Man kann versuchen, Schmerzen auszuweichen oder sie zu bekämpfen, kann Tabletten schlucken oder sich mit ihnen arrangieren. Sie sind aber auch Anlass, in einen neuen Dialog mit Gott einzutreten, mit ihm zu hadern und nach einer neuen Ausrichtung des Lebens zu suchen.

Bandscheiben-Rückenschmerzen

Aus Redewendungen wie: „Der hat ja kein Rückgrat“, oder „Er ist gebeugt unter der Last seiner Verantwortung“, wird deutlich, dass selbst ein knöchernes Gebilde wie die Wirbelsäule ganz offenbar nicht nur den Gesetzen der Mechanik gehorcht, sondern durchaus auch ein gewisses Eigenleben führt.

Psychologen wollen herausgefunden haben, dass Menschen, die häufig unter Rückenschmerzen leiden, und sich deswegen starr aufrecht halten, auch innerlich wenig beweglich sind. Ebenso wirken sich Schüchternheit und Selbstzweifel über die Körperhaltung auf den Rücken aus, weil viele Betroffene sozusagen ihre innere Haltung dadurch zeigen, dass sie gebückt oder mit zusammengefallenem Oberkörper durchs Leben gehen. Es ist typisch, dass viele Menschen mit Rückenschmerzen auch an typischen Depressionsleiden wie Magengeschwüren, Herz-Kreislauferkrankungen oder Leber-und Gallekrankheiten leiden.

Aber natürlich gibt es auch eine ganze Reihe anderer Ursachen für das Auftreten von Rückenschmerzen. Dazu zählen vor allem degenerative Prozesse an den Bandscheiben und den Wirbelkörpern. Sie werden vornehmlich dadurch ausgelöst,daß man durch Übergewicht, eine schlechte Körperhaltung, falsches Schuhwerk oder auch allzu schwere körperliche Arbeit die Statik der Wirbelsäule überfordert oder aus dem Lot bringt.

Bei all diesen Faktoren kann man durch eine Änderung falscher Gewohnheiten eine positive Rückwirkung auf die Wirbelsäule erzielen. So kann man sich beispielsweise bewusst dazu bringen, seinen Oberkörper in einer leichten, natürlichen Spannung zu halten, anstatt wie ein leerer Sack in sich zusammenzusinken. Auch Übergewicht kann man mit Hilfe der Selbstheilungskräfte reduzieren. Und natürlich sind die seelischen Probleme und charakterlichen Eigenschaften der Patienten das natürliche Feld für Selbstheilungsmethoden.

Das Heilgebet berücksichtigt natürlich die Faktoren, die in jedem Einzelfall für das Auftreten der Beschwerden ausschlaggebend sind.

Gebet

Manchmal kann ich mich kaum bewegen,
so sehr schmerzt mich mein Rücken.
Alles in mir krampft sich zusammen
und das macht es nur noch schlimmer.

Herr, Du mein Gott, hilf mir!
Lass meine Muskeln in den Armen
und den Beinen,
in den Schultern und im Gesäß
weich und warm werden.
Laß mich tief und ruhig durchatmen,
damit die Wärme des Atems
bis zu der schmerzenden Stelle strömt
und dort die Verkrampfungen löst.
Auch der Rücken fühlt sich
Stück für Stück immer leichter,
wärmer und lockerer an.
Wirbel um Wirbel verfolge ich,
wie dieses Gefühl am Kopf beginnt,
sich über Schulter und Brustkorb ausdehnt,
bis zu den Lendenwirbeln
und dem Kreuz ganz unten.

In dem Maß, wie sich mein Rücken befreit,
werde auch ich freier und gelöster.
Ich erlaube mir,
neue Gedanken zu denken,
neue Gefühle zu fühlen
und alte Positionen zu überdenken.

Der Gedanke
an Veränderungen in mir
schreckt mich nicht,
sondern macht mich neugierig
und erwartungsfroh.
Meine neu gewonnene Flexibilität überträgt sich
von meinem Rücken
auf mein Lebensgefühl und
von meinen Gedanken
zurück auf die Wirbelsäule.
Ach Gott, ich wusste ja gar nicht,
wie schön Bewegung sein kann.
Hab Dank für diese Erfahrung.

Kopfschmerz

Im Kopf sitzen die wichtigsten Steuerungsorgane des ganzen Körpers, auch die bedeutendsten Sinnesorgane sind hier konzentriert. Außerdem kontrolliert der Kopf sozusagen über den Mund auch all das, was dem Verdauungssystem zugeführt wird. Der Kopf ist also, obwohl er ganz am oberen Ende des Leibes sitzt, der zentralste aller unserer Körperteile. Auch wenn wir schlafen, ist der Kopf immer aktiv: Im Gehirn arbeiten die Zentren des vegetativen Nervensystems sowie das Unterbewusstsein auf Hochtouren. Selbst wenn wir es nicht bewusst wahrnehmen, so liefern doch Nase und Ohren auch im Schlaf ihre Informationen an das Gehirn.

Es ist ganz normal, dass in einem solchen Zentrum hin und wieder kleinere oder größere Fehler auftreten. Einige davon können sich als Kopfschmerz äußern. Entzündungen, Augenprobleme, Durchblutungsstörungen, Verkrampfungen oder „Fehlschaltungen" zwischen einzelnen Gehirnzellen können die Ursache dafür sein. Häufig sind auch wir selber die Ursache des Kopfschmerzes: Ungesunde Sitzmöbel und Betten, unnatürliche Körperhaltungen bei der Arbeit – vorzugsweise am Schreibtisch – und andere Faktoren tragen dazu bei, dass der Kopf nicht richtig auf der Wirbelsäule sitzt, sondern von den Hals- und Schultermuskeln mit großem Kraftaufwand festgehalten werden muss. Im Laufe der Zeit verkrampfen die Muskeln, der Hals wird steif und fest, die Schultern werden hart und unbeweglich: Dann kommt der Schmerz.

Kopfschmerz tritt aber auch dann gehäuft auf, wenn man sein Gehirn zu übermäßiger Arbeit zwingt. Wer den ganzen Tag hoch konzentriert eine bestimmte Denkarbeit erledigt, der braucht sich nicht zu wundern, von seinem malträtierten Gehirn irgendwann die Quittung in Form von Kopfschmerzen zu erhalten. Kopfschmerzen, vor allem, wenn sie häufiger oder regelmäßig auftreten, müssen unbedingt vom Arzt behandelt werden. Denn nur er kann entscheiden, ob sie eine harmlose Ursache haben oder ob möglicherweise eine ernsthafte Erkrankung dahintersteckt.

Unabhängig davon sollte man Kopfschmerzen mit den körpereigenen Heilkräften bekämpfen. Sie sind in jedem Fall gesünder als Schmerztabletten und außerdem frei von Nebenwirkungen. Abgesehen davon sind es ja oft auch schlechte oder falsche Angewohnheiten, die die Beschwerden auslösen oder verstärken: Alkohol- und Nikotinmißbrauch, Schlafmangel, Ernährungsfehler, Überforderung, Stress und innere Spannungen.

Dabei reagiert der Kopf meist sehr schnell auf Heilgebete. Schon wenn man den Begriff Ruhe meditiert, kann es sein, dass der Schmerz spontan verschwindet. Sehr oft verlieren sich Kopfschmerzen auch, wenn man eigentlich ein ganz anderes Leiden meditiert. Denn beinahe jede organische Krankheit kann unter Umständen auch eine Schmerzreaktion im Kopf auslösen.

Das Heilgebet fördert vor allem das Ruhigwerden und bewusste Entspannen des Kopfes und der ihn tragenden Muskulatur.

Gebet

Not lehrt beten, sagt ein Sprichwort.
Auch ich bin in Not,
mein Herr und Gott,
und deswegen bete ich zu Dir.

Du weißt, wie sehr mich meine
Kopfschmerzen quälen,
wie sie ziehen und zerren, hämmern,
pochen und stechen.
Ich weiß, dass ich meinem Kopf
zu viel zumute,
dass er deswegen reagiert
und mir durch den Schmerz sagen will:
Du hast etwas falsch gemacht.

Ich will auf dieses Signal hören
und es positiv umwandeln,
dem Kopf Entspannung gönnen:
Ich lehne mich zurück, schalte ab,
lasse meinen Gedanken freien Lauf;
ich fühle die Muskeln meiner Schultern,
meines Halses und Nackens –
sie werden warm, locker und entspannt,
die schmerzhafte Spannung weicht.
Oh Herr, es ist so schön,
einmal keinen schweren Kopf zu haben,
sondern ihn leicht und frei zu erleben.

Ich danke Dir für diese Gnade.

Schmerzen allgemein

Schmerzen sind der Ausdruck körperlicher oder seelischer Spannungen beziehungsweise Störungen. So kann Bauchweh beispielsweise auftreten, weil man zu enge Kleidung trägt und dadurch die inneren Organe einschnürt, oder aber, weil man Angst hat, die sich auf den Magen schlägt. Es ist nicht immer möglich, die Ursache von Schmerzen zu ergründen. In vielen Fällen versagen daher auch Schmerzmittel und andere Medikamente ihre Wirkung.

Anders ist das mit den Selbstheilungskräften unseres Körpers. Sie kommen sozusagen „aus dem gleichen Stall“ und können das Übel bei der Wurzel packen. Die größte Schwierigkeit ist allerdings, dass man oft dermaßen von den Schmerzen beherrscht wird, dass man kaum noch einen klaren Gedanken fassen oder sich auf etwas anderes konzentrieren kann.

Aus diesem Grund steht am Anfang des Heilgebets, das gegen Schmerzen hilft, immer zuerst das Finden der Ruhe und die Konzentration auf das Gebet. Denn wenn es nicht richtig meditiert wird, kann es auch nicht wirken.

Gebet

Oh Herr, mein Gott,
diese Schmerzen haben mich vollkommen
im Griff.
Sie versuchen,
mein Denken zu beherrschen,
alle Gefühle und Sinneswahrnehmungen
zu übertönen
und meine Konzentration zu verhindern.

Das will ich nicht.
Weil die Schmerzen mich nicht loslassen,
lasse ich sie los, damit sie sich zurückziehen.
Ich richte mein Denken und Fühlen
auf meinen Körper und spüre, wie er
angenehm
warm und schwer wird, ganz entspannt.
So, wie sich mein Körper befreit
von der Tyrannei des Schmerzes,
so erheben sich auch mein Geist
und meine Seele.

Sie machen sich frei und gehören ganz mir.
Ich kann sie ansprechen
und sie hören auf mich.

Mein himmlischer Vater,
jetzt bin ich bereit.
Du weißt, woher der Schmerz kommt
und was ihn auslöst.

Und Du weißt auch,
wie er wieder verschwindet.
Ich kann mir jetzt schon vorstellen,
wie es sein wird, wenn der Druck der Schmerzen
endgültig gewichen ist.

Diese Vorstellung ist so wunderschön,
dass sie immer größer wird in mir
und so mächtig,
dass sie den Schmerz besiegt.
Oh Gott, wie freue ich mich
über diese Deine Hilfe
und wie dankbar bin ich Dir dafür.

Gicht

Gicht ist eine Störung des Stoffwechsels der Harnsäure in unserem Körper. Den verschiedenen Formen der Gicht ist gemeinsam, dass sich die Harnsäure oder ihre Vorstufen, die in zu großer Menge im Blut gelöst sind, an bestimmten Körperstellen ablagern. Dort bilden sie winzige Kristalle, ähnlich wie Salzkörnchen. Vorzugsweise lagern sich die Harnsäurekristalle in Gelenken ab. Dort wirken sie wie Schmirgelpapier: Sie schaben bei jeder Bewegung des betroffenen Gelenkes an der Knochenhaut und zerstören diese dadurch. Dabei entstehen äußerst unangenehme, starke Schmerzen. Diese spürt man anfangs nur, wenn man das Gelenk bewegt, später aber können sie einen andauernd quälen.

Gicht ist nicht heilbar. Deswegen kann man sich nur darauf beschränken, dem Körper möglichst wenig Stoffe zuzuführen, die Harnsäure enthalten oder aus denen sie im Stoffwechsel entsteht. Außerdem gilt es natürlich, die Schmerzen zu lindern und die Entzündungen einzudämmen, die als Folge von Gicht entstehen.

Wer erkrankt ist, muss beispielsweise auf zahlreiche liebgewordene Ess- und Trinkgewohnheiten verzichten. So sollte man Fleisch, insbesondere Innereien, weitestgehend und Alkohol vollkommen meiden, will man weitere schmerzhafte Attacken der Krankheit verhindern.

Änderungen solcher Lebensgewohnheiten gelingen leichter, wenn man sie auch von ganzem Herzen durchführen will. Genau dies gelingt, wenn man das entsprechende Heilgebet meditiert. Ausserdem kann man mit Hilfe der Selbstheilungskräfte das Schmerzempfinden dämpfen und in den betroffenen Körperregionen ein Wärmegefühl hervorrufen, das von den Patienten als angenehm empfunden wird und ebenfalls zur Schmerzlinderung beiträgt.

Gebet

Ab und zu ist es schon sehr schwer,
dass ich Verzicht üben muss.
Während andere rings um mich
die leckersten Mahlzeiten einnehmen,
ohne sich Gedanken machen zu müssen,
muss ich aufpassen, ja nichts falsches
zu essen und zu trinken.
Tue ich es dennoch, so rächt sich die Gicht
mit furchtbaren Schmerzen.

Doch ich will nicht klagen, mein Gott.
Es geht mir ja gut, solange
ich mich an meine Diät halte.
Und Du bist da und stehst mir bei.

Du machst mich so stark,
dass mich die Schmerzen nicht schwächen
können,
Du lässt mich so entspannen,
daß überall in meinem Körper das Blut
frei und ungehindert strömen kann.
Dieser Blutstrom umspült jetzt auch
die schmerzenden Gelenke, alles um sie
herum wird angenehm warm und
mit der Wärme schwinden die Schmerzen.

Oh Gott, hab Dank für diese Labsal!

Rheuma

Rheuma ist keine Krankheit im normalen Sinn. Der Begriff bezeichnet vielmehr eine große Zahl verschiedener schmerzhafter Leiden, die durch entzündliche und degenerative (zerstörend, abbauend wirkende) Prozesse hervorgerufen werden. Dabei kann das Herz ebenso betroffen sein wie Muskeln und Gelenke. Manchmal ruft die Krankheit Fieber hervor, in anderen Fällen verursacht sie langfristig lebensgefährliche Symptome, beispielsweise eine Herzinsuffizienz.

Rheuma gehört zu den chronischen Leiden, die man nicht heilen kann und bei denen man sich daher darauf beschränken muß, sein Leben möglichst beschwerdefrei zu gestalten. Dabei kommt dem Heilgebet eine hervorragende Bedeutung zu. Denn viele Medikamente, die man gegen akute Entzündungen und die damit verbundenen Schmerzen einnehmen kann, haben sehr massive Nebenwirkungen.

Abgesehen davon schlagen sich Erkrankungen wie Rheuma im Lauf der Zeit unweigerlich auf das Gemüt: Die Patienten werden „dünnhäutig“, leiden nicht nur an den Schmerzen, sondern bekommen auch Depressionen oder verbittern zusehends. Sie werden aufbrausend, oft jähzornig und ungerecht.

Unter dem Eindruck der Schmerzen schränken sie ihre Bewegungen stark ein. Weil sie ständig versuchen, den Schmerzen auszuweichen, kommt es zu Fehlhaltungen und damit beginnt ein weiterer Teufelskreis:

Die malträtierten Knochen und Muskeln rächen sich eines Tages für die falsche Beanspruchung und verursachen nun ihrerseits neue, schlimme Schmerzen.

Das Heilgebet bewirkt, dass man seine Krankheit akzeptiert und mit ihr lebt, sich aber nicht von ihr beherrschen läßt. Man eignet sich eine größere Unempfindlichkeit gegen die Schmerzen an und wird in die Lage versetzt, die notwendigen krankengymnastischen Übungen konsequent durchzuführen, die die Beweglichkeit und Funktionsfähigkeit der befallenen Körperteile erhalten. Außerdem kann man den entzündeten Regionen ein Gefühl von Wärme oder Kälte zuführen – je nachdem, was man als angenehmer und lindernder empfindet.

Gebet

Schreien könnte ich,
weinen und meinen schmerzenden Körper
verfluchen.

Doch das tue ich nicht, oh mein Gott.
Dabei sind die Schmerzen oft so schlimm,
dass ich nicht weiß, wie ich sie aushalten soll.
Sie laugen mich aus,
nehmen mir meine Lebenskraft,
weil sie allgegenwärtig sind.

Aber ich bin ja nicht allein,
Du bist bei mir.
Dein Licht wärmt mich
und macht mir Mut:
Schenk mir weiterhin Deine Wärme,
dass sie durch meine Muskeln fließt,
damit die Schmerzen kleiner
und unwichtiger werden.

Gib mir den Mut und die Kraft,
nicht zu erstarren,
sondern meinen Körper zu pflegen
und trainieren, damit die Krankheit
nicht noch weiter fortschreitet.
Auch wenn mich der Gedanke
manchmal quält,
dass ich die Krankheit nie mehr loswerde,
lass Du mich nicht verzagen,
sondern mich mit Energie und Zuversicht

auf sie einlassen.
Ich lasse es nicht zu,
dass das Rheuma mein Schicksal wird –
nein, mein Leben lege ich in Deine Hand,
denn nur dort ist es gut aufgehoben.

HERZ-KREISLAUF-ERKRANKUNGEN

Das Herz ist zentrales Organ des Körpers, gleichzeitig Sinnbild des Lebens und der inneren Einstellung. Ein verhärtetes Herz ist verletzt und kann sich nicht mehr für andere Menschen öffnen, ein kaltes Herz steht für Verachtung und Gleichgültigkeit, das Herz, das in die Hosentasche rutscht, steht für verlorenen Mut und Furcht.

Krankheiten des Herzens bedrohen uns ganz unmittelbar, sie treffen häufig wie der Blitz aus heiterem Himmel und zwingen uns radikal zu Änderungen unserer Lebensgewohnheiten, vor allem im Umgang mit unserem Körper. Sie bieten aber auch die Chance, sich Gott wieder neu zu nähern, ihm sein Herz auszuschütten.

Mit offenem Herzen auf Gott zugehen bedeutet, den unendlichen Kraftquell des Schöpfers anzuzapfen, sich mit all seiner Angst an ihn zu lehnen und zu vertrauen, dass mir letztendlich nichts passieren kann, weil ich in ihm geborgen bin, so wie mein Herz in meinem Körper geborgen ist.

Bluthochdruck

Wenn man sagt: „Der platzt gleich", oder „Ihm schwellen die Adern", dann meint man damit ein medizinisches Phänomen, das gleichzeitig Ursache einer ernsten Erkrankung ist: Die Tatsache nämlich, daß Ärger und Zorn offenbar den Blutdruck steigern.

Wohl jedem ist bekannt, dass man einen hochroten Kopf bekommt, wenn man beim Lügen erwischt wurde oder unter starkem Stress steht. Bluthochdruck ist einer der größten Risikofaktoren für Herzinfarkt und Schlaganfall. Diese beiden Krankheiten raffen jährlich unzählige Menschen dahin. Bluthochdruck ist zur Volkskrankheit geworden. Schätzungsweise jeder fünfte Mensch hat Bluthochdruck – oft allerdings, ohne es zunächst zu wissen oder zu merken.

In der Tat verursacht ein leicht erhöhter Bluthochdruck keine Beschwerden, man fühlt sich, ganz im Gegenteil, sogar ausgesprochen wohl und voller Energie.

Mit zunehmendem Alter steigt auch der Blutdruck an. Das ist ein ganz normales und auch notwendiges Phänomen, mit dem die nachlassende Elastizität der Blutgefäße ausgeglichen wird.

Andererseits aber birgt gerade die nachlassende Spannkraft der Gefäßwände auch eine große Gefahr: Weil sie starrer sind, können sie kurzfristige Schwankungen im Blutdruck kaum mehr abfedern. Werden sie durch erhöhten Blutdruck ohnehin schon bis zum äußersten belastet, so reicht jetzt ein kleiner Ausschlag nach oben, um eine kleinere oder größere Ader im Körper platzen zu lassen. Auf diese Weise entsteht beispielsweise der gefürchtete Schlaganfall.

Viele Faktoren, die den Blutdruck erhöhen, könnte man allerdings vermeiden. So sollte man beispielsweise seine Nahrung kaum salzen, weil Salz bei vielen Menschen zur Erhöhung des Blutdrucks beiträgt. Wer zu Temperamentsausbrüchen neigt, unter Stress leidet oder anderen Belastungen ausgesetzt ist, sollte versuchen, ganz gezielt Entspannung und Gelassenheit einzuüben. Denn so, wie Anspannung den Blutdruck nach oben treibt, so vermag ihn Entspannung zu senken.

Genau in diesem Punkt setzt das Heilgebet an. Es kann allerdings – und darauf sei nochmals ausdrücklich hingewiesen – in keinem Fall den Gang zum Arzt ersetzen.

Gebet

Oh Herr, Du weißt nur zu gut,
dass ich oft vor Zorn rot anlaufe,
oder mir der Kopf schwillt,
wenn ich mich überfordert fühle.

Dabei weiß ich, dass das schlecht ist für mich,
denn mein Blutdruck ist
auch ohne eine solche Belastung
schon hoch genug.
Ich weiß aber auch,
dass der Schlüssel zur Krankheit
in mir selber liegt.
Denn ebenso, wie der Blutdruck
durch Anspannung ansteigt,
so sinkt er durch Entspannung.

Ich lege Dir deswegen all meine negativen Gefühle
zu Füßen, den Ärger, den Zorn,
die Probleme und meine Sorgen.
Wandle Du sie um, lieber Vater,
in Freude, Gelassenheit, Zuversicht
und Lebensmut.

Deine Kraft wird mich lehren,
freundlich und harmonisch mit meiner Familie,
meinen Kollegen und allen anderen
Menschen zusammenzuleben.

Ich lerne, nicht nur das Negative zu sehen
und mich darüber aufzuregen,
sondern vor allem das Positive,
Gute zu finden
und mich darüber zu entspannen.

Ich fühle, weil Du mich berührst,
wie Wärme und Entspannung
meinen Körper vom Kopf bis zu den Füßen
durchfluten.

Vater, ich danke Dir,
dass Du solche Kräfte in mir geweckt hast.

Herzinfarkt

Das Herz ist eines der Organe, die instinktiv von den Menschen mit sehr viel Symbolik beladen werden. Wenn man erleichtert ist, fällt einem ein Stein vom Herzen. Wenn man Angst hat, wird es einem bange ums Herz und gütige, hilfsbereite und aufgeschlossene Menschen haben ein gutes Herz. Wir lachen aus vollem Herzen, wir grüßen herzlich oder aber haben ein kaltes Herz. Für viele Menschen ist das Herz der Sitz ihrer Seele und deswegen öffnen sie Gott ihr Herz.

Der Herzmuskel ist der Motor, der unser Leben in Gang hält. Fällt das Herz aus, müssen wir zwangsläufig innerhalb kurzer Zeit sterben, wenn es nicht gelingt, es wieder zum Schlagen zu bringen. Tatsache ist auch, dass Gefühle, wie die anfangs geschilderten tatsächlich „auf das Herz schlagen". Deswegen bleibt einem vor Schreck manchmal das Herz stehen – und zwar durchaus buchstäblich.

Im Laufe des Lebens nimmt die Elastizität der Blutgefäße im Körper immer weiter ab. Gleichzeitig lagern sich häufig, bedingt durch falsche Lebens- und Ernährungsgewohnheiten, verschiedene Fettstoffe, wie das Cholesterin, aber auch Eiweiße und Mineralstoffe, sowie beispielsweise Nikotin an den Wänden der Adern ab.

Außerdem entstehen, bedingt durch die nachlassende Elastizität, in den Wänden der Arterien winzige durchlässige Stellen, durch die Körperflüssigkeit und andere Stoffe aufgenommen werden. Die Löcher erweitern sich manchmal zu kleinen Rissen, an denen sich kleine Blutpfröpfe bilden.

Treffen diese Faktoren im Bereich der Arterien zusammen, die das Herz ernähren, dann besteht eine akute Infarktgefahr. Denn in den durch die Ablagerungen verengten Gefäßen kann ein Blutpfropf sehr leicht hängen bleiben und die Arterie, ein sogenanntes Herzkranzgefäß, blockieren.

Die fatale Folge dieser Vorgänge, die Infarkt genannt werden, ist: Der Herzmuskel, der laufend große Mengen an Sauerstoff und Nährstoffen benötigt, wird in dem Bereich nicht mehr ernährt, der durch das verstopfte Blutgefäß versorgt wird. Das extrem leistungsfähige, aber auch hochempfindliche Herzgewebe stirbt in kurzer Zeit ab, wenn es nicht gelingt, entweder die betroffene Arterie wieder durchgängig zu machen oder aber die Versorgung auf andere Herzkranzgefäße zu verteilen.

Bei einem Herzinfarkt bekommt man nicht nur sehr starke Schmerzen, die vom Herzen bis weit in andere Organe ausstrahlen können, sondern leidet auch unter akuter Todesangst. Im Heilgebet versucht man diese negativen Erfahrungen positiv umzudeuten. Man setzt sich das Ziel, sein Leben so umzugestalten, dass man dieses schreckliche Erlebnis nicht noch einmal durchmachen muss. Vor allem geht es darum, liebgewonnene, aber falsche Lebensgewohnheiten zu ändern, die Risikofaktoren des Infarktes auszuschalten.

Da der Herzinfarkt Menschen mitten aus einem aktiven, erfüllten Leben reisst, muß man außerdem eine positive, lebensbejahende und optimistische Grundstimmung erzeugen.

Gebet

Wie ein Blitz hat es mich getroffen
und jäh aus dem Leben gerissen,
das ich so liebe und brauche.
Wie von einer großen Faust gepackt,
hat mich der Infarkt zu Boden geworfen.
Vielleicht war diese Faust all das,
was mich von außen bestimmt:
Die Zwänge meiner Arbeiten und
Pflichten,
die Ruhelosigkeit,
vielleicht auch ganz insgeheim
die Unzufriedenheit mit meinem Leben.
All diesen Druck habe ich
meinem Herzen zugemutet
und es dann auch noch bestraft dafür,
dass es trotzdem brav und
tapfer weitergeschlagen hat:
Was ich aß,
war teilweise Gift für mein Herz,
was ich trank,
machte ihm die Arbeit
zusätzlich schwer,
dass ich meinen Körper vernachlässige,
ihn nicht fit hielt – all das hat mein Herz
lange geduldig Jahre ertragen.

Dann traf mich der Infarkt
und heute bin ich dankbar,
Du mein Gott, dass ich noch leben darf.

Ich lerne ganz neu, was es heißt, zu leben.
Ich nehme mir Zeit, Schönes zu erleben,
ich ordne meine Aufgaben so,
dass ich die Termine bestimme,
ohne mich unter Druck setzen zu lassen.
Ich halte meinen Körper gesund
und leistungsfähig, indem ich
regelmäßig Gymnastik mache
und mich bewusst entspanne.

Dann, mein Gott, höre ich auf mein Herz,
ich kann fühlen, wie es ruhig,
gleichmäßig, kräftig und beruhigend
in meiner Brust schlägt.

Herr, hilf,
dass sich diese Ruhe und Gelassenheit
auf mein ganzes Leben überträgt.
Lass nicht zu,
dass erneut Zwänge mein Leben
und damit auch mein Herz beengen.

Schlaganfall

Wie ein Blitz aus heiterem Himmel fällt der Schlaganfall auch vermeintlich vollkommen gesunde, kraftstrotzende Menschen an und macht sie innerhalb einer Sekunde zu hilflosen, pflegebedürftigen Patienten. Oft können sie nicht mehr sprechen, sich kaum noch bewegen und sind auf unzählige Handreichungen und Hilfestellungen angewiesen.

So plötzlich und unvermittelt ein Schlaganfall einen auch aufs Krankenlager werfen kann, so ist er doch noch lange kein endgültiges Urteil, das einen zu dauerndem Siechtum verurteilt. Ganz im Gegenteil: Wer sich nach einem Schlaganfall aktiv, geduldig und voll zuversichtlicher Tatkraft um seine Wiederherstellung bemüht, wird häufig große, oft an Wunder grenzende Heilungserfolge erzielen können.

Der Schlaganfall entsteht, wenn im Gehirn an irgendeiner Stelle eine Ader platzt und dadurch eine Blutung im Gehirn entsteht. Betroffen vom Schlaganfall sind in den meisten Fällen ältere Menschen, da bei ihnen die Wände der Blutgefäße durch natürlichen Verschleiß, aber auch durch falsche Lebensgewohnheiten brüchig geworden sind.

Normalerweise ist immer nur eine Körperseite von dem Schlaganfall betroffen. Denn das Gehirn ist so organisiert, dass seine linke Hälfte die rechte Körperseite steuert und umgekehrt. Entsteht die Hirnblutung in der linken Gehirnhälfte, so ist die rechte Körperhälfte beeinträchtigt. Dabei kann es sein, dass nach einem leichten Schlaganfall nur kaum merkliche Einschränkungen, beispielsweise beim Öffnen und Schließen der Augen zu bemerken sind. Weitaus häufiger aber wird die betroffene Körperhälfte mehr oder weniger stark gelähmt.

Da die Gehirnzellen milliardenfach untereinander verbunden und vernetzt sind, kann man es nach einem Schlaganfall durch intensives und ausdauerndes Training schaffen, die geschädigten Gehirnareale zu ersetzen. Dabei übernehmen dann andere Nervenzellen die Aufgaben derer, die durch die Blutung abgestorben sind.

Die Heilung kann nur Schritt für Schritt vorangehen, weil es notwendig ist, unzählige Gehirnzellen Stück für Stück sozusagen neu zu programmieren wie einen Computer.

Das Heilgebet stärkt die positive Grundeinstellung zum Leben und zum Zustand nach dem Schlaganfall. Es weckt die Selbstheilungskräfte und fördert die Bereitschaft zur aktiven Mitarbeit an der Heilung. Gleichzeitig vermittelt es Durchhaltevermögen, Geduld und den Glauben an Heilung.

Gebet

Oh Herr, mein Gott,
noch nie habe ich mich so hilflos
und ausgeliefert gefühlt wie jetzt.
Ich muß mich füttern lassen wie ein Kind,
kann mich nicht selber waschen
oder zur Toilette gehen.
Das ist furchtbar, vor allem, weil
ich auch nur lallen kann und mich
die anderen Menschen nicht verstehen.
Gott, ich schäme mich ein bisschen,
dass ich jetzt zu Dir komme,
wo es mir schlecht geht
und Dich so lange missachtete,
als es mir gut ging.

Doch ich weiß, Du wirst mir verzeihen,
weil ich Dich darum bitte
und Du wirst Deine Hand ausstrecken
zu mir.

Lieber Vater, ich danke Dir dafür.
Du gibst mir die Geduld,
die endlos lange Therapie durchzustehen,
die jetzt vor mir liegt.
Durch Deine Hilfe ist in mir
der Wunsch und feste Wille nach Heilung
immer stärker
als die Ungeduld und das Verzagen,
wenn die Fortschritte ausbleiben oder
nur sehr zaghaft und minimal eintreten.

Doch ich weiß, mit jedem Millimeter,
den ich meinen Arm höher heben kann,
habe ich einen Schritt
zu meiner Heilung getan
und ich freue mich schon
auf den nächsten.

Weil Du bei mir bist,
weiß ich,
alles wendet sich zum besten.
Hab meinen innigen Dank dafür.

INFEKTIONEN

Für viele, vor allem sehr selbstgerechte Menschen haben bestimmte Infektionskrankheiten noch immer den Ruch, sie seien Geißeln Gottes, Strafen für einen sündigen Lebenswandel, sie seien Krankheiten, „die man sich holt, nicht solche, die man bekommt".

Solche Werturteile stehen anderen Menschen nicht zu, auch und gerade Menschen, die Fehler machen, dürfen besonders auf Gottes Gnade und Liebe bauen. Die Patienten annehmen ist daher auch dem Menschen weitaus angemessener als sie zu verurteilen. Für die Betroffenen selber steckt in ihrer Krankheit die Chance der Rückbesinnung, nicht (nur) auf die ethisch-moralischen Werte des christlichen Glaubens, sondern gerade eben auf die alles verzeihende Liebe Gottes.

Aids

Auch drei Jahrzehnte nach ihrem ersten Auftreten ist die Immunschwäche-Krankheit AIDS noch immer unheilbar. Aber die Patienten können mit Hilfe modernster Medikamente viele Jahrzehnte überleben – auch wenn sie teils schwere Nebenwirkungen erdulden müssen und irgendwann an dem HI-Virus sterben werden.

Der normale zwischenmenschliche Umgang mit den Betroffenen ist vollkommen ungefährlich, man kann sogar gemeinsam aus einem Glas trinken oder sich küssen. Trotzdem meiden viele Menschen jeden Kontakt, jede Berührung mit AIDS-Kranken – sie werden gemieden wie einst die Aussätzigen.

Neben dem Schock über die Diagnose und den schweren Nebenwirkungen ist diese soziale Ächtung besonders belastend für die Patienten.

Andererseits weiß man heute, dass sich die zerstörerische Aktivität des Virus durch eine positive Einstellung zum Leben, durch Optimismus und starke Selbstheilungskräfte so stark verlangsamen lässt, dass es mit weniger Medikamenten behandelt werden muss.

Das Heilgebet erzeugt daher eine positive, lebensbejahende Einstellung, baut Schuldgefühle, Angst sowie Enttäuschung über die soziale Isolierung ab und führt zu einer bewussten, heilungsfördernden Denk- und Lebensweise.

Gebet

Ich habe sie also auch,
diese Erreger, die manche
als eine Geißel der Menschheit oder gar
als eine Strafe von Dir, Du mein Gott,
bezeichnen.

Mein himmlischer Vater,
das glaube ich nicht,
denn ich weiß, Du liebst mich.
Ich bitte Dich um Deine Hilfe
und weiß, Du wirst sie mir nicht versagen.
Du führst mich zurück
auf die Straße des Lebens, von der
mich diese furchtbare Diagnose
abgebracht hat.
Du hast mir mein Leben geschenkt
und ich werde dieses Geschenk
nicht verkommen lassen oder wegwerfen.

Ich werde vernünftig und bewusst leben,
damit sich mein Körper darauf
konzentrieren kann,
das Virus in Schach zu halten
und nicht dadurch belastet wird,
dass ich ihn mit Alkohol, ungesunder
Ernährung
und falscher Lebensweise belaste.
Ich kümmere mich darum, gesund,
ausgeglichen und zufrieden zu leben.

Ich nehme regelmäßig und voll Vertrauen
die Medikamente ein, die mir die Ärzte
verschreiben
und ich halte mich körperlich fit.
Ich lerne es, ruhig, ausgeglichen,
optimistisch und voll Lebensfreude zu
werden.
Ich mache Pläne für mein weiteres Leben,
als ob da gar nichts wäre.

Auch wenn es oft weh tut,
will ich die Menschen verstehen
die mich meiden,
als hätte ich die Pest.
Sie haben Angst vor dem Virus,
nicht vor mir.
Das kann meinen Lebensmut
nicht brechen.

Denn mein Leben ist ein Geschenk
von Dir,
das ich liebe, für das ich dankbar bin,
das ich ehre und um das ich kämpfe.

Ich bin froh und dankbar,
dass ich Dich dabei an meiner Seite weiß.

Erkältung

Das Abwehrsystem unseres Körpers ist ständig in Alarmbereitschaft. Es wird in jeder Sekunde von zahlreichen Krankheitserregern bedroht, die es in der Regel auch erfolgreich abwehren kann. Manchmal jedoch wird es mit Erregern konfrontiert, die es nicht kennt, und gegen die es nicht ankämpfen kann.

Häufig aber beeinträchtigen auch verschiedene Faktoren die volle Leistungsfähigkeit des Immunsystems: Es wird „löchrig" und dann haben beispielsweise Erreger von Erkältungskrankheiten eine große Chance, sich auszubreiten.

Viele Menschen bekommen eine Erkältung ausgerechnet dann, wenn sie es überhaupt nicht brauchen können: In Zeiten besonders starker beruflicher Anforderungen beispielsweise oder wenn in der Schule ein ganzer Berg von Klassenarbeiten ansteht. Viele Hausfrauen müssen sich ausgerechnet kurz vor den Weihnachtsfeiertagen ins Bett legen, weil sie von einer fiebrigen Erkältung geschüttelt werden.

Dies macht deutlich, dass auch das Immunsystem nicht nur medizinisch messbaren Faktoren unterliegt, sondern durch verschiedene psychische Faktoren beeinflusst werden kann.

Durch eine Erkältung kann uns aber auch klarwerden, dass uns selbst eine verhältnismäßig harmlose, ungefährliche Krankheit vollkommen aus der Bahn werfen kann. Wer sein Leben in Gottes Hand legt, den wirft dagegen so leicht nichts um, weil er sich geborgen weiß. Er wird die Chance nutzen, die erzwungene Pause bewusst zu nutzen, um innezuhalten und darüber nachzudenken, was wirklich wichtig ist für sein Leben.

Es ist bekannt, dass sehr ausgeglichene Menschen, die beispielsweise gewohnheitsmäßig meditieren, Autogenes Training oder Yoga ausüben, sehr selten oder gar nicht an Infektionen erkranken. Auch wer regelmäßig Heilgebete meditiert, wird nicht zu denen zählen, die mehr oder weniger periodisch eine Erkältung bekommen. Denn Heilgebete vermitteln ganz allgemein Gelassenheit, Ausgeglichenheit und eine positive Lebenseinstellung. Diese Faktoren stärken das Immunsystem. Das Heilgebet gegen Erkältung kann im übrigen auch auf jede andere Art von Infektionen angewendet werden.

Gebet

Oh Herr, mein Gott,
jetzt hat es mich wieder erwischt.
Schnupfen, Husten und Halsschmerzen
plagen mich,
ich fühle mich furchtbar krank,
habe Fieber und schwitze.
Dabei kann ich es
mir doch gar nicht leisten,
ausgerechnet jetzt krank zu sein.
Du weißt doch, mein Vater,
was ich alles zu tun habe.
Aber vielleicht zeigst Du mir ja
mit dieser Erkältung auch, dass etwas
mit mir nicht in Ordnung ist.

Lieber Vater,
ich will diese Lektion lernen.
Ich höre in mich hinein,
werde ruhig, ausgeglichen und gelöst.
Ich schaffe es, die vor mir liegenden
Aufgaben
mit Gelassenheit auf mich zukommen
zu lassen,
das Wichtige vom Unwichtigen
zu trennen,
das Notwendige konzentriert
und gezielt zu erledigen,
das Andere solange liegenzulassen,
bis ich wirklich Zeit dazu habe.

Ich gönne mir bewusst Freiraum,
in dem ich mir Zeit für meine Lieben
und mich nehme.
In mir wachsen Harmonie,
Ausgeglichenheit und Zufriedenheit.

Ich danke Dir, mein Gott,
für diese Gnade, weil zusammen mit mir
auch mein Immunsystem stark und
wehrhaft wird.

SEELISCH BEDINGTE STÖRUNGEN

Die Seele, das Unsterbliche, führt scheinbar ein absolutes, kaum beeinflußbares Eigenleben. Andererseits findet sie den unmittelbaren Kontakt zu Gott, er spricht durch sie zum Menschen. Wenn eine Seele krank wird, bedeutet dies nicht, dass auch der Kontakt zu Gott abbricht oder gestört ist. Ganz im Gegenteil – seelisch kranke Menschen finden oft einen sehr innigen, lebendigen Zugang zu ihm, wie ihn „gesunde" Menschen kaum erleben können.

Es ist sicher übertrieben, die betroffenen Menschen als besonders begnadet zu sehen, ebenso falsch aber ist es, sie gleich als „Spinner" abzutun. Es gilt, sie ernstzunehmen und zu lieben, auch wenn manches an ihnen merkwürdig erscheint.

Alpträume

Sobald wir einschlafen, schaltet das Gehirn sozusagen um. Das Bewusstsein legt sich zur Ruhe, das Unterbewußtsein wird aktiv. Es verarbeitet die Dinge, die wir tagsüber nicht verarbeitet haben, die wir nicht bewusst wahrgenommen oder einfach vergessen haben. So wie das Unterbewusstsein auch tagsüber unsere Gedanken und Phantasie beflügeln kann, so setzt es nachts oft seine Tätigkeit in Sprache und Bilder um: Wir träumen.

An die meisten Träume kann man sich nicht mehr erinnern, wenn man morgens aufwacht. Sie sind ins Unterbewusstsein zurückgekehrt, von wo sie hergekommen sind. Manchmal allerdings erinnert man sich nach dem Aufwachen noch daran, etwas Angenehmes oder Unangenehmes geträumt zu haben, ohne sich genau daran erinnern zu können, worum es in dem Traum ging.

Manche Menschen werden aber hin und wieder von Träumen geplagt, die sie so aufwühlen, dass sie aufwachen und lange Zeit nicht mehr einschlafen können. Kinder machen zu bestimmten Zeiten beinahe regelmäßig bestimmte Alpträume durch, aus denen sie schreiend und schweißgebadet erwachen.

Es ist ganz normal, wenn Kinder oder Erwachsene gelegentlich unter Alp- oder Angstträumen leiden. Dabei kann es sein, dass ein bestimmtes schreckliches Erlebnis immer wieder auftaucht. Treten Alpträume allerdings über längere Zeit gehäuft oder regelmäßig auf, sollte man unbedingt ärztlichen Rat einholen.

Wer sein Leben wirklich in den Griff bekommt, Problemen und Schwierigkeiten nicht aus dem Weg geht und ein gesundes Selbstbewußtsein entwickelt, wird seltener unter Alpträumen leiden, als Menschen, die mit „Gott und der Welt“, und vor allem sich selber nicht zurecht kommen. Genau hier liegt der Ansatzpunkt für Heilgebete. Sie bauen die Gewißheit auf, für alle Lebenssituationen gewappnet zu sein, so dass sie einen nicht aus der Bahn werfen können.

Da Heilgebete direkt auf das Unterbewusstsein wirken und von dort aus steuernd eingreifen, eignen sie sich hervorragend zur Bekämpfung von Alpträumen. Dabei unterdrücken sie keineswegs die Probleme, die den Alpträumen zugrunde liegen. Sie fördern, ganz im Gegenteil, dass alle Lebensfragen und -probleme aufgearbeitet werden. Im Laufe der Zeit verschwinden daher die regelmäßigen Alpträume und machen Platz für einen ruhigen, erholsamen Schlaf.

Gebet

Schon wieder bin ich aufgewacht,
schweißgebadet, verkrampft und voller
Angst.
Es war auch zu schrecklich, was ich erlebt
habe,
ehe ich merkte,
es handelt sich ja nur um einen Traum.

Oh Herr, es ist furchtbar
und ich rufe Dich an:
Hilf mir!
Schenke mir Ruhe und Ausgeglichenheit,
lass mein Herz wieder normal
und ohne Aufregung schlagen,
trockne meinen Schweiß
und halte mich angenehm warm.

Ich weiß nicht, was diese schlimmen Träume
auslöst:
Ist es ein schlechtes Gewissen,
aufgestauter Ärger
oder ein unbewältigtes Problem?
Ich weiß es nicht.
Aber ich bin gewiss,
Du wirst es mir klar machen.
Die Gedanken,
die in meinem Unterbewusstsein rumoren
und diese furchtbaren Alpträume auslösen,
werden an die Oberfläche kommen,
damit ich sie bemerke

und mich ihnen widmen kann.
Mit Deiner Hilfe schaffe ich es,
Ordnung und Ruhe in das Chaos meiner
Gefühle
und Gedanken zu bringen,
die meine Seele so verwirren.
Ruhe, Harmonie und Zufriedenheit
kehren bei mir ein und lassen mich
ruhig und frei von bösen Träumen schlafen.

Oh Herr, ich danke Dir
für diesen Quell neuer Lebensfreude!

Angst

Angst ist zunächst einmal eine gesunde und überlebenswichtige Schutzreaktion gegen Gefahren. Angst erlaubt aber auch tiefe Einblicke in die Seele und in die Basis des Glaubens. Sie ist durchaus zweischneidig zu sehen. Einerseits wissen sich glaubende Menschen beschützt und geborgen in Gott, andererseits litt sogar Jesus Furcht, fühlte sich von seinem Vater verlassen. Furcht kann Anlass sein, sich intensiv mit der Basis seines Lebens zu beschäftigen und Gott auch dort Raum zu geben, wo andere Werte mächtiger werden.

Noch nie mussten Menschen mit derart vielen Anforderungen fertig werden, wie wir heutzutage: Das Wissen in allen Fachgebieten erweitert sich lawinenartig, die Arbeitswelt wird durch ständig neue, immer schneller und selbständiger arbeitende Maschinen revolutioniert, die ethischen und moralischen Werte in der Gesellschaft ändern sich permanent – und keineswegs immer zum Positiven. Wer all diese Entwicklungen nicht mitmacht, geht buchstäblich unter, kann nicht mehr mithalten. Unser Zeitalter ist geprägt von Hektik, Hetze und dem fast schon neurotischen Zwang, alles in Frage zu stellen und alles zu verändern. Dadurch ist der Mensch immer in Gefahr, seinen Halt zu verlieren. Auf der anderen Seite muss es aber für jeden Menschen bestimmte Dinge geben, an denen er Halt findet: Die Hoffnung auf Frieden, die Chance, sein Leben zu meistern und nicht auf andere angewiesen zu sein und die Zuversicht, die er aus seinem Glauben schöpft.

Verliert man die Übersicht oder fehlt einer dieser Punkte, dann stellt sich beinahe automatisch Angst ein, Angst vor dem Leben allgemein oder vor bestimmten, furchteinflößenden Entwicklungen. Angst entsteht aber manchmal auch aus einem falsch verstandenen Streben nach Freiheit und Selbstverwirklichung. Wer sein Leben danach ausrichtet, nur für sich selbst zu leben, die überkommenen Regeln der gesellschaftlichen und religiösen Konventionen zu überwinden, der wird nicht freier als vorher, er verliert bestenfalls die Orientierung. Auch daraus entsteht Angst, weil man irgendwann merkt: mir fehlen die Basis und die Ziele für mein Leben.

Einige, gar nicht wenige Menschen neigen besonders häufig zu Ängstlichkeit. Sie fürchten sich davor, dass jemand „schlecht" über sie denken könnte, dass sie etwas falsch machen oder ihnen etwas zustößt. Sie brauchen eine gute Portion Selbstbewusstsein und Gelassenheit, dann werden ihre Ängste verschwinden. Es sei denn, sie beruhen auf einer echten seelischen Erkrankung. Diese muß in jedem Fall von einem erfahrenen Arzt oder Therapeuten behandelt werden.

Aber auch in diesem Fall kann man Heilgebete zumindest zur Unterstützung der Therapie einsetzen.

Gebet

Angst engt mich ein,
lässt mir kaum Platz zum Atmen,
schnürt mein Herz ein,
lähmt meine Gedanken,
raubt mir die Freude
und den Lebensmut.
Meine Arbeit, mein Leben
sind nur noch eine Last für mich,
ich zermartere mir den Kopf darüber,
was ich falsch gemacht habe.
Dabei ist die Antwort doch ganz einfach:
Ich habe mich zu weit von Dir entfernt,
mein Gott.

Denn Du hast uns das Versprechen
gegeben:
Fürchte Dich nicht, denn ich erlöse Dich,
rufe Dich beim Namen,
mein bist Du!

Das tröstet mich, denn ich weiß,
ich bin nie allein,
solange ich Dich nicht loslasse.
Du lenkst meine Gedanken,
so dass ich Problemen und Fragen
nicht aus dem Weg gehe,
sondern Antworten finde.
Du stärkst mein Selbstbewusstsein und
meinen Mut,
die ich so dringend brauche,

um gut durchs Leben zu kommen.
Du verleihst mir die Zuversicht,
dass ich nicht untergehe
und die Orientierung verliere.
Und Du schenkst mir Halt,
weil ich an Dich glaube
und daher unterscheiden kann,
was gut und was böse ist für mich.

Dafür, mein Gott, danke ich Dir,
denn jetzt habe ich keinen Grund mehr
zur Angst.
Und darum wird sie sich verlieren.

Antriebslosigkeit

Menschen, die sich unterfordert fühlen, gleichen zu bestimmten Zeiten anderen, die vollkommen überfordert sind: Sie wirken wie gelähmt. Geist, Körper und Seele wehren sich mit allen Mitteln dagegen, irgend etwas zu unternehmen.

Die Antriebslosigkeit ist bei überforderten Menschen ein deutliches Signal, das die Selbstheilungskräfte setzen: „Halt, Pause machen, neue Kräfte schöpfen!“, wollen sie sagen. Wenn es so weit ist, sollte man ihnen unbedingt nachgeben, denn dann ist es wirklich allerhöchste Zeit, sich etwas Entspannung zu gönnen. Kämpft man mit großem Kraftaufwand dagegen an, dann riskiert man, eine ernsthafte organische Krankheit zu bekommen.

Antriebslosigkeit, in die Menschen verfallen, die unterfordert sind, hat dagegen eine andere Ursache. Sie ist Folge einer depressiven Verstimmung. Das Gefühl, nicht gebraucht und in seinen Fähigkeiten unterschätzt zu werden, verursacht bei den Betroffenen ein Gefühl der tiefen Resignation, das sie buchstäblich lähmt.

Das beiden Entwicklungen entspringende Symptom Antriebslosigkeit erfordert eine prinzipiell gleiche Behandlung: Es gilt, seine Lebensziele neu zu definieren. Wer weiß, was er ist, was er kann und wo seine Stärken liegen, der ist gegen Antriebslosigkeit weit weniger anfällig als jemand, der sich ihnen hilflos hingeben muss, weil er mit sich selber nicht klar kommt.

Wer dagegen laufend im Stress ist, nicht mehr weiß, wo ihm der Kopf steht, und es gerade eben noch schafft, sich über die Runden zu retten, der verliert ebenfalls sehr schnell die Orientierung und muss sie für sich neu finden. Er muss sich darüber klar werden, wo seine wirklichen Bedürfnisse liegen, und wie er sein Leben besser in den Griff bekommt als bisher. Er muß die Mitte seines Lebens wieder neu finden oder vielleicht auch nur wiederentdecken.

Das Heilgebet fördert also die innere Ruhe, die es ermöglicht, nachzudenken und neue Motivation zu finden. Es bekämpft die innere Unruhe, Unausgeglichenheit und Unzufriedenheit, die der eigentliche Auslöser für die eigene Antriebslosigkeit ist.

Gebet

Barmherziger Vater im Himmel,
was ist nur los mit mir?
Zu nichts habe ich Lust,
jeder Gedanke, jeder Handgriff
fällt mir schwer und
ich muss mich dazu zwingen.

Darüber vernachlässige ich sogar meine
Pflichten:
Die Arbeit leidet,
vieles bleibt liegen,
ja ich kann mich nicht einmal
zu einem Spaziergang aufraffen.

Ach Herr, ich weiß ja, woran es liegt.
Ich habe verlernt, einmal wirklich ruhig
zu werden,
nachzudenken und zu fühlen,
wie es mir wirklich geht.
Ständig lebe ich nur für den Moment,
es fehlt das wirkliche Ziel,
der wirkliche Plan in meinem Leben.

Schenke Du mir, mein Vater,
die innere Ruhe,
mach mir den Blick frei
auf meine Seele und schärfe meine
Ohren,
dass ich höre, was sie mir sagen möchten.

Nimm mir die Angst vor der Leere
in meinem Leben, die mich auch dann
befällt,
wenn ich in Arbeit geradezu ertrinke.

Werde Du, mein gütiger Gott,
der einzige und wahre Mittelpunkt
in meinem Leben, um den sich alles
dreht.

Schlafstörungen

Es ist unsäglich quälend, wenn man sich abends todmüde ins Bett legt und keinen Schlaf finden kann. Anstatt langsam ruhiger zu werden, seine Muskeln zu entspannen und eine bequeme, gelöste und entspannte Einschlafstellung zu finden, bleibt man angespannt und wälzt sich unruhig hin und her.

Schließlich versucht man sozusagen „mit Gewalt“, sich zu beruhigen und in den Schlaf zu versetzen. Dies kann natürlich nicht gelingen. Seele und Körper sind nicht im Einklang und versperren sich gegenseitig den Weg hin zu Ruhe, Entspannung und schließlich zum Schlaf.

In den meisten Fällen werden auch die berühmten Methoden wie das Zählen von Schäfchen oder andere monotone Gedankenspiele nur wenig oder gar nicht helfen: Auch auf solchen Wegen lässt sich das Einschlafen nicht erzwingen.

Im Prinzip gilt das gleiche auch, wenn man zwar ganz normal einschlafen konnte, dann aber irgendwann mitten in der Nacht aufwacht und nicht mehr weiterschlafen kann.

Ungeordnet schießen Gedanken, Bilder und Erinnerungen durch den Kopf. Mal sind es die verschiedensten Bruchstücke, die vollkommen ungeordnet vor dem inneren Auge und in den Gedanken vorbeiziehen, mal ist es ein bestimmtes Problem, das einen bedrückt und nicht mehr loslässt.

Die innere Anspannung und Unruhe übertragen sich auch auf den Körper: Das Genick ist oft angespannt, das Herz schlägt pochend, man schwitzt, weil es zu warm wird unter der Decke und fühlt eine Beengung in der Brust.

Der Schlaf, den Beruhigungsmittel und Schlaftabletten bringen können, ist zwar tief und bleiern, aber längst nicht so erquickend und regenerierend wie ein natürlicher Schlaf.

Man muss andererseits aber trotz solcher Ein- und Durchschlafstörungen keineswegs in ständiger Angst vor der nächsten, vielleicht wieder quälend unruhigen Nacht leben.

Ein Heilgebet, das man immer wieder versucht zu meditieren, weckt die Selbstheilungskräfte des Körpers, die die Harmonie von Körper, Geist und Seele wiederherstellen und auf diese Weise einen ruhigen, tiefen, erholsamen und ausreichend langen Schlaf ermöglichen.

Man sollte allerdings auch in seiner Lebensführung die Risikofaktoren der Schlaflosigkeit möglichst vermeiden: Unruhiger, stets wechselnder Tagesablauf, unregelmäßige Zeiten des Schlafengehens, allzu üppiges Essen und Trinken am Abend – vor allem von alkoholischen Getränken oder auch Kaffee –, das Fortbestehen eines Streits mit dem Partner und alle anderen Faktoren, die einen aufwühlen oder bedrücken können.

Es ist sehr hilfreich, wenn man die Technik des Autogenen Trainings, der Meditation, des Yoga oder einer ähnlichen Entspannungsmethode erlernt. Mit etwas Übung kann man diese Techniken auch nachts anwenden, wenn einen Schlaflosigkeit plagt. Hat man sich dann entspannt, fällt es besonders leicht, das Heilgebet zu meditieren.

Gebet

Himmlischer Vater,
noch immer liege ich wach
hier in meinem Bett –
ich möchte schlafen,
doch ich kann es nicht.

Gedanken rasen durch meinen Kopf,
Bilder tauchen vor meinem Auge auf,
Ängste, Sorgen
und mein laut pochendes Herz
lassen mich nicht ruhig werden.

Dabei sehne ich mich so
nach Ruhe und Frieden,
die mich schlafen lassen.
Der Tag ist schon lange zu Ende
gegangen,
doch wenn morgen früh der Tag anbricht
und ich mein Bett verlassen darf,
dann werde ich müde,
schwach und freudlos sein.

Oh Vater, bitte hilf mir,
dass dieser Kreislauf endlich ein Ende hat
und schenke mir die erholsame
Nachtruhe wieder,
nach der ich mich so sehne
und die ich unbedingt brauche.

Nimm mir all das ab, was mich bedrückt
und unruhig macht –
meine Sorgen, meine Ängste,
meinen Zorn und meine Nöte.
All das werde ich bei Dir ablegen
und dann kann ich tief und fest
bis zum Morgen durchschlafen.
Ich werde erquickt, fröhlich
und munter aufwachen,
darf den neuen Tag voll Tatkraft,
Mut und Lebensfreude beginnen.

Der Kreislauf wird unterbrochen,
ich werde ruhiger, zufriedener –
ich werde einfach wieder Mensch.
Und jeden Abend werde ich
angenehm müde,
wenn Körper, Geist und Seele
zum Schlaf bereit sind.

Oh Gott, ich danke Dir
für dieses unermesslich schöne Geschenk.

Sprachstörungen

Es gibt Ereignisse im Leben, die einem buchstäblich die Sprache verschlagen können. Manchmal passiert es, daß ein Mensch durch ein schockierendes Erlebnis auf Dauer die Fähigkeit verliert, zu sprechen.

Andere Menschen haben keine Probleme, sich beispielsweise mit dem Ehepartner oder einem anderen wohlvertrauten Menschen zu unterhalten. Wenn sie aber von einem Fremden angesprochen werden oder mit einem Vorgesetzten sprechen müssen, haben sie einen regelrechten Kloß im Hals. Sie bringen entweder kein Wort heraus oder aber sie stammeln, stottern und finden nicht die richtigen Worte.

Was eine solche Sprachstörung so schlimm macht, ist die Tatsache, dass man sich über seine vermeintliche Schwäche derart ärgert, dass man sich immer mehr verhaspelt und irgendwann vollkommen sprachlos sein kann. Das gilt insbesondere auch für Kinder, deren sprachliche Entwicklung gestört ist. Sei es, dass sie aufgrund einer Fehlstellung der Zähne vielleicht lispeln oder aufgrund einer organischen Störung stottern, sie werden oft von ihren Spielkameraden gehänselt. Dies führt nicht selten dazu, dass die Kinder überhaupt nicht mehr sprechen wollen oder nur noch einzelne Satzbrocken und Worte ausstoßen, anstatt ganze Sätze zu sprechen. Auf diese Weise hoffen sie instinktiv, dass ihr Sprachfehler nicht entdeckt wird.

Das Heilgebet hilft, mangelndes Selbstvertrauen zu verbessern und ermuntert zum Einüben des Sprechens. Es vermittelt Geduld, die notwendig ist, um die Sprache neu oder – beispielsweise nach einem Schlaganfall oder nach einer Kehlkopf-Operation – wieder zu erlernen.

Gebet

Vater im Himmel,
Du bist der einzige, der mich wirklich
versteht,
auch wenn ich stammle, stottere
und kein Wort richtig herausbringe.
Das ist unendlich schön zu wissen.

Weil ich weiß, dass Du mich verstehst,
lege ich Dir meine Sprachstörungen
an Dein Herz und bitte Dich:
Hilf mir bitte.
Oft ist mein Herz so voll,
dass ich etwas sagen will, doch es geht nicht.
Der Weg zum Mund
und meinen Sprachorganen ist blockiert.
Der Atem strömt nicht richtig,
die Zunge ist ständig im Weg
und die Lippen wollen sich nicht öffnen
und schließen, wie es richtig wäre.

Herr, lass meinen Atem ruhig und
gleichmäßig werden.
Löse die Spannung meiner Zunge
und des ganzen Sprechapparates,
öffne den Weg, damit die Worte und Sätze
gleichmäßig aus mir herauslaufen,
wie ein Bach aus einer Quelle.
Meine Gedanken sollen die Worte im Geist
vorbilden.

In meiner Phantasie entstehen die fertigen,
richtigen Sätze,
die ich vollkommen frei von Spannung
und Furcht
nur noch nachsprechen muß.

Ich finde es jeden Tag ein Stück schöner,
zu sprechen,
weil es jeden Tag ein Stückchen besser
geht.

Dafür danke ich Dir, mein lieber Gott.

Suchtkrankheit

Ganz bewußt heißt dieses Kapitel Suchtkrankheit, denn es ist beileibe nicht Charakterschwäche, die einen Menschen süchtig werden läßt. Sicher – man ist irgendwann einmal der Verführung erlegen, die von Alkohol, Nikotin, Tabletten, Rauschgiften oder vielleicht auch dem Glücksspiel am Automaten ausgeht. Sicher ist man letztendlich selber schuld daran, krank geworden zu sein, doch Schuldzuweisungen und der erhobene moralische Zeigefinger nützen gar nichts. Sie lösen in jedem Fall nicht das Problem und können keine Heilung bringen.

Ob es überhaupt eine vollständige Heilung von einer Sucht gibt, ist umstritten. In vielen Fällen muß man sich sein Leben lang vor einer erneuten Versuchung schützen, darf beispielsweise nie wieder auch nur einen Schluck Alkohol trinken oder eine Münze in einen Geldspielautomaten werfen. Am Anfang jeder Behandlung steht eine, vielen Kranken unüberwindlich scheinende Barriere, der Entzug.

Einerlei, auf welches Objekt sich die Sucht richtet: Man muss jeden Kontakt damit absolut vermeiden. Im Falle von Drogen, Alkohol, Medikamenten und Nikotin kann es dabei zu massiven körperlichen Beschwerden kommen. So sind Kreislaufzusammenbrüche, erhebliche Schmerzattacken, Übelkeit, Erbrechen, ja sogar Nervenzusammenbrüche beim Entzug durchaus an der Tagesordnung.

Aus diesem Grund darf man Entziehungskuren ausschließlich unter ärztlicher Überwachung durchführen. Trotzdem ist es äußerst sinnvoll und verbessert die Erfolgschancen erheblich, wenn man sich auf den Entzug durch Gebete vorbereitet. Im Heilgebet verstärkt man den Wunsch, seine Sucht zu überwinden. Man bereitet sich innerlich auf die bevorstehenden körperlichen Qualen vor und kann sie dadurch wesentlich leichter ertragen. Ja, manche Symptome werden möglicherweise sogar überhaupt nicht auftauchen.

Das Heilgebet ist ganz besonders auch für die Menschen eine große Stütze, die bereits eine oder mehrere Entziehungskuren hinter sich haben, und deren Furcht vor den damit verbundenen Beschwerden daher besonders groß ist.

Gebet

Es ist immer das gleiche.
Wenn mein Verstand klar ist,
weiß ich, dass die Sucht mich immer stärker
in ihren Griff bekommt
und ich ihr immer hilfloser ausgeliefert bin.

Trotzdem habe ich beschlossen:
Ich höre auf.
Doch schon bin ich wieder schwach und
mutlos,
weil ich Angst habe, es nicht zu schaffen.

Aber Du, mein Herr und Gott,
Du wirst mir helfen.
Denn Du liebst mich und Du nimmst
mich bei der Hand,
um mich aus dem Teufelskreis
herauszuführen.

Und weil Du mich liebst, weiß ich,
dass ich nicht wertlos bin,
sondern lediglich einen kranken Körper,
einen gequälten Geist
und eine wunde Seele habe.
Doch ich bin noch lange nicht am Ende –
dank Deiner Hilfe.
Ich werde mich aufraffen und es schaffen,
auf das Gift zu verzichten, das mich
zugrunde richten will.

Mit jeder Faser meines Körpers,
meines Geistes und meiner Seele
kämpfe ich gegen die Sucht
und ich weiß, ich schaffe es.

Weil ich es schaffen werde,
wird mir auch der Entzug nichts
anhaben können.

Dann, mein lieber Gott,
werde ich ein neuer,
ein freier und glücklicher
Mensch sein,
dem seine Sucht nie wieder etwas
anhaben kann.

Vegetative Dystonie

„Immer wenn der Arzt keine richtige Diagnose stellen kann, spricht er von Vegetativer Dystonie“, lautet eine spöttische Redewendung unter Ärzten. Das kommt nicht ganz von ungefähr, denn bei vielen Beschwerden, mit denen Patienten zu ihren Ärzten kommen, lässt sich keine medizinisch fassbare Diagnose stellen: Laborbefunde, Röntgenbilder und alle anderen Diagnosemethoden beweisen, dass der Patient organisch gesund ist.

Trotzdem empfindet er Herzbeschwerden, Unruhe, Schlafstörungen, Schwindelanfälle, er leidet unter Schwitzen, Regel- oder Potenzstörungen und ganz massiven Beschwerden des Verdauungssystems.

Die Störungen werden durch Fehlregulationen der beiden Gegenspieler Vagus und Sympathikus hervorgerufen. Dies sind die beiden Nervengeflechte, die zusammen das vegetative Nervensystem bilden. Es reguliert all die Vorgänge, die man normalerweise nicht willentlich beeinflussen kann oder darf: Herztätigkeit, Verdauung, Körpertemperatur und Atmung. Außerdem steuert es das ganze Arsenal unserer verschiedenen unwillkürlichen Ausdrucksweisen, also das Erblassen, Erröten, das Schwitzen, Lachen und Weinen.

Das vegetative Nervensystem funktioniert nur dann richtig, wenn sich seine beiden Nerven in einem dynamischen Gleichgewicht befinden. Diese Balance ist sehr anfällig gegen äußere Einflüsse.

Körperliche und geistige Überanstrengung, unbewältigte Probleme und Konflikte, Unausgeglichenheit, wie sie beispielsweise während der Pubertät auftritt, und ähnliche Faktoren können dieses hochempfindliche Gleichgewicht stören. Durch welche Beschwerden die Störung dann bemerkbar wird, ist von Mensch zu Mensch verschieden.

Aufgabe des Heilgebetes ist es auch, den Gleichklang von Vagus und Sympathikus wieder herzustellen. Dies geschieht dadurch, daß man vorhandene körperliche und seelische Spannungen abbaut und wieder zu seiner Mitte zurückfindet.

Gebet

Gott, Du weißt,
dass ich mir diese Beschwerden doch nicht
einbilde.
Ich danke Dir, dass ich
körperlich gesund bin
und der Arzt keine Diagnose stellen konnte.

Aber ich bin trotzdem krank.
Unruhe treibt mich, ich fühle mich schlaff
und müde, ich schlafe schlecht
und habe Probleme
mit meiner Verdauung.

Oh Du, mächtiger Gott,
hilf mir, mein Leiden in den Griff
zu bekommen.

Ich fühle, wie Ruhe und Gelassenheit
mich zu erfüllen beginnen
und langsam von mir Besitz ergreifen.
Unruhe und Spannungen weichen.
Ich werde abends müde
und kann einschlafen.
Morgens wache ich erfrischt und
ausgeruht auf.
Mein Herz schlägt ruhig,
kräftig und vollkommen gleichmäßig.
Atem strömt in mich und aus mir heraus,
ohne dass ich etwas dazutue.

Wärme breitet sich überall in meinem
Körper aus
und löst die Spannungen.
Das alles bewirkst Du in meinem Körper,
in meinem Geist
und in meiner Seele.

Hilf mir, dass ich immer
in diesem harmonischen Gleichgewicht
bleiben kann,
weil Du in meiner Mitte bist.

ZAHN- UND KIEFERKRANKHEITEN

Zahnarztbesuch

Wohl kein Mensch geht gern zum Zahnarzt. Zu tief sitzt die Furcht, er könne einem weh tun. Abgesehen davon ist der Mund ohnehin eine höchst empfindliche Region. Er ist nicht nur das Organ, mit dem wir Nahrung und Getränke aufnehmen oder durch das wir uns mitteilen können, sondern er ist auch der Körperteil, mit dem wir beispielsweise einen geliebten Menschen küssen.

Und in diesem intimen Bereich macht sich dann also der Zahnarzt zu schaffen. Da sind die Selbstschutzkräfte des Körpers in erhöhter Alarmbereitschaft und warten nur darauf, wenn es jetzt weh tut. Sehr viel mehr können sie nicht tun. Denn die natürliche Schutzreaktion, nämlich einfach zuzubeißen, ist ihnen verwehrt.

Es gibt Menschen, die eine geradezu panische Angst vor dem Zahnarzt entwickeln und trotz möglicher Beschwerden den nächsten Behandlungstermin so weit wie möglich hinausschieben. Wenn sie dann im Zahnarztstuhl sitzen oder liegen, beginnen sie zu schwitzen, zu verkrampfen und oft genug scheint sogar quälender

Zahnschmerz von einer Sekunde auf die andere zu verschwinden. So groß ist die Angst vor dem Zahnarzt.

Es ist sehr vorteilhaft, wenn man sich durch ein Heilgebet auf den Zahnarztbesuch vorbereitet. Dies vor allem dann, wenn eine langwierige Behandlung ansteht, beispielsweise ein Implantat, das Anfertigen einer Prothese oder eine Zahnregulierung. Im Heilgebet nimmt man sich die Furcht vor den Schmerzen, wird ruhiger und vernünftiger. Außerdem verinnerlicht man Gedanken, um Zahnschäden vorzubeugen.

Gebet

Es ist eigenartig,
Vater im Himmel, dass ich solche Angst
vor dem Zahnarzt habe.
Dabei ist er doch beileibe kein
Unmensch
und ich habe Vertrauen zu ihm.
Aber schon beim Gedanken an den
nächsten Termin
wird mir bang: Ich fürchte mich
vor den Schmerzen,
die es möglicherweise macht,
wenn er mich behandelt.

Ich bitte Dich, Gott, nimm mir diese
Furcht.

Sobald ich mich in den Zahnarztstuhl
setze,
wird es mir leicht ums Herz,
ich atme ruhig, tief und gleichmäßig
durch,
ich lasse meine Augen offen,
damit ich den Zahnarzt sehen kann
und bleibe vollkommen gelassen.
Ich vertraue mich voll der Kunst des
Zahnarztes an
und warte nicht darauf,
dass es schmerzt.

Wenn es doch einmal weh tun sollte,
erschrecke und verkrampfe ich nicht,
sondern bleibe weiter ruhig,
weil dann der Schmerz am schnellsten
vergeht.

Gott, ich danke Dir,
dass Du mich auch in dieser Situation
nicht alleine läßt.

KINDERKRANKHEITEN

Von Kindern kann man beten lernen. Sie sprechen mit dem „lieben Gott“ so, wie ihnen der Schnabel gewachsen ist, voll Vertrauen und Zuversicht. Kirchenväter haben sich immer wieder ein Beispiel an Kindern genommen, wenn sie sich den Kopf über schwierige theologische Probleme zerbrochen haben. Jesus selbst stellt sie uns als Vorbilder des lebendigen Glaubens hin.

Man muss aber mit kranken Kindern auch darüber reden, dass Hilfe von Gott nicht unbedingt heißt, dass sie durch ein Wunder gesund werden, sondern dass Heilung auch ganz anders aussehen kann: Nämlich auch mit Schmerzen und Einschränkungen ohne Verzweiflung leben zu können, die Kraft zu finden, eine Krankheit auszuhalten und an der Gesundung mitzuwirken, den Mut, weiterzuleben, vielleicht sogar ein wenig Freude zu empfinden, wenn es wieder etwas besser geht.

Kinder sind, bis sie zur Schule kommen, weitaus häufiger krank als in späteren Jahren und als Erwachsene. Das ist ganz normal und auch sehr wichtig. Denn Kinderkrankheiten und andere Infektionen verursachen bei den Kindern zwar oft große Schmerzen, Ausschläge, Schwellungen und andere Beschwerden, lösen aber gleichzeitig einen Abwehrmechanismus aus, der in vielen Fällen lebenslang bestehen bleibt.

Die körpereigenen Abwehrkräfte erkennen die Krankheitserreger, lernen sie zu bekämpfen und können sie, wenn sie später nochmals in den Körper eindringen, sofort bekämpfen, ohne dass man dadurch lästige Krankheitssymptome spürt. Diese in den Kinderjahren sehr häufigen Immunisierungsprozesse soll man keineswegs unterdrücken. Denn sie erfüllen eine lebenswichtige Funktion: Nur ein intaktes körpereigenes Abwehrsystem, das laufend mit größeren und kleineren Infektionen konfrontiert ist, kann auch wirklich gefährliche Ansteckungskrankheiten wirksam bekämpfen.

Trotzdem: Die betroffenen Kinder leiden oft furchtbar. Sie können ja diese Zusammenhänge noch nicht erkennen und empfinden Krankheit oft als Strafe oder als eine Ungerechtigkeit ihres Schicksals. Je nach Temperament, persönlichem Naturell und Schwere der Krankheit sind sie daher entweder traurig und niedergeschlagen oder aber zornig und in jedem Fall sehr ungeduldig, vor allem, wenn sie Bettruhe halten müssen. Auf der anderen Seite aber sind Kinder sehr empfänglich für Heilgebete. Als Eltern oder Verwandte sollten Sie sich daher unbedingt die Zeit nehmen, mit einem kranken Kind zu beten. Nehmen Sie auch hier die aufgeführten Heilgebete lediglich als Vorschlag. Ermuntern sie das Kind, dem lieben Gott alles zu sagen, was es bedrückt, ihm seine Schmerzen zu schildern und ihn um Hilfe zu bitten. Achten Sie dabei darauf, dass das Kind auch positive Gedanken in das Gebet aufnimmt, also beispielsweise seine Sehnsucht, wieder unbeschwert mit seinen Kameraden spielen zu können.

Natürlich wird eine Krankheit kaum aufgrund der Gebete sofort verschwinden, doch sind gerade bei Kindern die Selbstheilungskräfte des Körpers sehr schnell zu wecken, weil Kinder wirklich noch mit Herz und Seele beten und vollkommen auf die Hilfe Gottes vertrauen. Daher wird ihnen ihre Krankheit zunächst weit weniger schlimm und quälend erscheinen als vorher. Auf der anderen Seite aber wird der Krankheitsverlauf mit Sicherheit auf die kürzestmögliche Dauer verkürzt, weil das Kind voller Optimismus fest an seine Heilung glaubt und sie nicht durch depressive Verzweiflung hinauszögert.

Drei-Tage-Fieber

Ganz plötzlich, ohne erkennbaren Grund, bekommt das Kind hohes Fieber, das 40 Grad erreichen kann. Das Fieber hält drei Tage lang an und sinkt am vierten Tag rasch ab. Dann bildet sich auf der Haut ein Ausschlag mit kleinen, hellroten Pickeln, der sehr große Körperflächen betreffen kann und nach drei bis vier Tagen wieder abklingt.

Die Krankheit ist in den meisten Fällen harmlos. Allerdings fühlen sich die kleinen Patienten verständlicherweise sehr geschwächt und krank. Ausserdem treten mitunter Schluckbeschwerden auf, so daß das Kind nichts trinken kann und manchmal bekommt es Fieberkrämpfe. In diesen Fällen sollte man unbedingt den Kinderarzt holen.

Der Verlauf der Krankheit steht fest und ist nicht zu beeinflussen, man kann lediglich in besonders schlimmen Fällen die Höhe des Fiebers durch Medikamente oder kalte Wickel senken. Im Mittelpunkt des Heilgebetes sollte daher die Aufhellung derStimmung und das Üben in Geduld stehen.

Gebet

Lieber Gott,
ich bin so schwach und
mir ist furchtbar heiß. Ich kann
nicht einmal trinken, weil
das Schlucken so wehtut.
Zu nichts habe ich Lust,
es ist einfach langweilig. Es ist
so schlimm, daß ich hier im Bett liegen
muß
und viel zu schwach zum Spielen bin.

Ach, lieber Gott, wenigstens hast Du
mich nicht verlassen.
Du hilfst mir, daß ich schnell
wieder gesund werde und
mit meinen Freunden spielen kann.

Ich fühle mich besser,
schon tut es gar nicht mehr so weh und
auch
mein Ausschlag macht mir gar nichts aus.
Lieber Gott, es ist so gut,
daß Du mir hilfst, vielen Dank dafür.

Überaktives Kind

Kinder, die unter einem sogenannten hyperkinetischen Syndrom leiden, heißen im Volksmund Zappelphilipp: Sie können sich nur schwer auf eine Sache konzentrieren, lassen sich sehr leicht und gern ablenken, sind extrem zappelig, unruhig und umtriebig.

Doch sollte man diese Diagnose nicht zu früh stellen. Es ist ganz normal, dass zwei- bis fünfjährige Kinder einen oft unbändigen Bewegungsdrang haben und kaum zu bremsen sind. Auch muß sich ihre Konzentrationsfähigkeit erst nach und nach entwickeln.

Abhilfe schafft es, wenn man dem Kind einen möglichst gleichmäßigen, fest strukturierten Tagesablauf vorgibt und ihm eine Atmosphäre von Ruhe und Liebe vermittelt. Dies sollte man auch ganz gezielt im Heilgebet versuchen.

Gebet

Lieber Gott,

ich bin immer so furchtbar zappelig,
weil ich einfach
so viele Sachen machen will.
Und dann ärgere ich mich,
weil ich wieder
etwas vergessen
oder nicht fertiggemacht habe.
Ach, lieber Gott, schenke mir doch ein
wenig mehr Ruhe.
Ich will ja gar kein stiller Stubenhocker
werden,
aber es wäre schon toll, wenn ich
nicht immer nur herumhampeln müßte,
sondern mich in Ruhe auf eine Sache
konzentrieren kann.
Ich weiß, lieber Gott, dass Du mir
helfen wirst und ich danke Dir dafür.

Mumps

An dieser auch Ziegenpeter genannten Virusinfektion erkranken vor allem Schulkinder, aber auch ihre jüngeren Geschwister können sich leicht anstecken. Typisch für diese lästige, aber meist harmlose Krankheit ist das Anschwellen der sogenannten Ohrspeicheldrüsen, die unter und vor den Ohrläppchen in den Backen liegen. Außerdem bekommen die Kinder leichte Kopf-, Ohren- und Halsschmerzen, leichtes Fieber und manchmal schwillt zunächst eine Gesichtshälfte an, ehe die andere Speicheldrüse befallen wird.

Da sich die Kinder meist sehr schlecht fühlen, soll das Heilgebet ihnen vor allem Mut und Hoffnung geben, denn den Verlauf der Krankheit an sich kann man, wie alle Infektionen, nur unwesentlich beeinflussen.

Gebet

Ach, lieber Gott, ich fühle mich so
schlecht,
alles an meinem Kopf tut weh,
auch das Schlucken schmerzt ganz arg.
Ich fühle mich so schwach und krank
und das ärgert mich.

Lieber Gott, hilf, dass ich bald wieder
gesund, munter und fröhlich
bin, mit meinen Freunden spielen kann
und dass diese gemeinen Schmerzen
endlich aufhören.
Ich weiß, lieber Gott, Du bist so stark,
dass Du auch diesen Ziegenpeter
besiegen und mich gesund machen
kannst.

Vielen Dank, dass Du mir hilfst.

Röteln und Masern

Röteln gehören zu den Krankheiten, die vor allem Mädchen unbedingt einmal bekommen sollten, falls sie nicht mit einer Impfung davor geschützt werden. Denn wenn die Krankheit während einer Schwangerschaft auftritt, ist die Gesundheit des Kindes aufs höchste gefährdet.

Masern und Röteln sind sich sehr ähnlich, werden aber von verschiedenen Krankheitserregern (Viren) ausgelöst. Hat man sie einmal gehabt, dann ist man sein Leben lang gegen eine nochmalige Ansteckung geschützt. Beide Krankheiten sind mit Ausschlägen, mittlerem bis schwerem Fieber und Schmerzen verbunden. Oft werden die Kinder gleichzeitig noch von einer Erkältung oder einer ähnlichen Krankheit befallen.

Daher leiden sie sehr, fühlen sich schlaff und „geschafft". Im Heilgebet soll ihnen daher vor allem Geduld, Lebensmut und Freude vermittelt werden, die Infektion selber verläuft nach ihrem natürlichen Schema ab und kann kaum beeinflußt werden.

Gebet

Oh je, wie sehe ich nur aus!
Überall hat sich dieser scheußliche
Ausschlag ausgebreitet und ich
bin voller roter Punkte.

Ich fühle mich so müde
und schwach, lieber Gott.
Ich bitte Dich ganz fest: Hilf mir.
Gib mir meine Kraft wieder,
lass mich munter
und wieder fröhlich werden.
Denn wenn ich lachen kann, lieber Gott,
dann werde ich auch ganz schnell wieder
gesund.

Scharlach und Angina

Eine bakterielle Infektion ist die Ursache für Scharlach, der sehr oft mit einer Angina verbunden ist. Die Krankheit beginnt mit plötzlich auftretendem, sehr hohem Fieber von bis zu 41 Grad, starken Kopfschmerzen und Übelkeit, die zum Erbrechen führen kann. Nach zwei bis drei Tagen kommt es zu einem weiteren Fieberschub, ein typischer Ausschlag breitet sich am Körper aus und die Zunge, die zunächst weißlich belegt war, zeigt jetzt leuchtend rote Punkte (Himbeerzunge).

Vor allem schwellen die Lymphknoten an Hals und Kiefer an, ebenso die Mandeln, und oft entzündet sich der Hals. Daher machen das Schlucken und Sprechen den Kindern meist große Schmerzen, die leicht in einen allgemeinen „Weltschmerz" münden. Neben der unbedingt nötigen ärztlichen Behandlung mit Antibiotika und Schmerzmitteln sollte man auch das Heilgebet einsetzen. Es weckt die müden Lebensgeister und macht geduldig.

Gebet

Es ist einfach furchtbar, lieber Gott.
Ich habe so schlimme Kopfschmerzen
und auch das Schlucken tut so arg weh,
dass ich am liebsten gar nichts mehr
essen und trinken will.
Mir ist übel und das Fieber
macht mich vollkommen wirr und müde.

Aber Du, lieber Gott, Du hast mich
nicht vergessen. Bitte hilf mir,
dass die Krankheit schnell vorübergeht.
Mach mich stark, dass ich die
Schmerzen nicht mehr so schlimm spüre,
und gib mir Kraft.
Dann fühle ich mich nicht mehr so krank
und müde
und es geht mir gleich viel besser.

Vielen Dank, lieber Gott, für Deine
Hilfe.

Windpocken

Die Windpocken gehören zwar nicht zu den schweren Kinderkrankheiten, doch verursachen sie oft sehr große Qualen, weil sie mit einem lästigen, äußerst stark juckenden Ausschlag verbunden sind. Die sehr ansteckende Krankheit wird von dem gleichen Virus verursacht, das bei Erwachsenen die Gürtelrose hervorruft. Sie befällt meist größere Gruppen von Schul- oder Kindergartenkindern. Trotz ihres Namens hat die Krankheit nichts mit den sehr gefährlichen Pocken zu tun.

Die lästigste Erscheinung der Windpocken sind die zahlreichen, mit einer klaren Flüssigkeit gefüllten, roten Bläschen, die sich vor allem am Rumpf, aber auch auf anderen Körperteilen ausbreiten. Sie jucken sehr stark und die Kinder sind daher immer versucht, sich zu kratzen, um das äußerst quälende Gefühl zu bekämpfen. Dabei besteht aber die Gefahr, dass sich in den aufgekratzten Bläschen Entzündungen bilden, die nur langsam abheilen.

Daher sollten Eltern den Kindern leichte Baumwollkleidung anziehen, ihre Fingernägel sorgfältig und möglichst kurz schneiden und ihnen eventuell Handschuhe anziehen, damit sie sich nicht zu sehr kratzen können. Außerdem lindern tägliche, lauwarme Bäder die Beschwerden. Das Heilgebet bringt ein linderndes Gefühl und lenkt von dem Juckreiz ab.

Gebet

Ich kann es kaum aushalten,
lieber Gott,
überall juckt es ganz furchtbar
und diese ekeligen Bläschen
platzen so leicht auf
und dann fließt es ganz naß und klebrig heraus.
Am schönsten ist es, wenn ich
frisch aus der Badewanne
oder der Dusche komme.
Dann fühlt sich meine Haut
angenehm kühl und frisch an.
Lieber Gott, hilf Du mir,
dann fühlt sich meine Haut immer so an,
als ob ich gerade frisch aus der Wanne komme.
Dann spüre ich das Jucken nicht mehr
und ich kann auch wieder
an ganz andere, viel schönere Dinge denken,
oder mich endlich
auf mein Lieblingsbuch konzentrieren.
Lieber Gott, vielen Dank,
dass Du mir so treu bleibst
und mir auch jetzt helfen willst.

Keuchhusten und Pseudo-Krupp

Diese beiden Erkrankungen der Luftwege sind für die betroffenen Kinder besonders quälend, weil sie oft starke Anfälle verursachen, bei denen die Kinder unter schwerster Atemnot und Erstickungsangst leiden. Außerdem strengt das Husten und Atmen die Kinder sehr an, so dass sie müde und abgeschlagen wirken.

Typisch für den Keuchhusten sind 15 bis 20 Anfälle, bei denen die Kinder die Luft langsam und ziehend einatmen, kurz und hart husten und den Anfall mit einem keuchenden „Juchzen" abschliessen, das der Krankheit ihren Namen gab. Die Gesichter sind stark gerötet und die Augen werden glasig. Zwischen den Anfällen wirken die Kinder zwar müde, aber gesund. Es dauert mindestens sechs bis neun Wochen, manchmal sogar ein Vierteljahr, bis der Keuchhusten abklingt.

Pseudo-Krupp äußert sich in einem bellenden Husten, der vor allem nachts auftritt und von Heiserkeit gefolgt wird. Während der Anfälle verengt sich der Kehlkopf, das Atmen fällt den Kindern immer schwerer. Dadurch bekommen die kleinen Patienten oft Angst, ihr Herz schlägt schneller, sie bekommen einen ängstlichen Gesichtsausdruck und werden unruhig. Instinktiv versuchen die Kinder, mehr und tiefer zu atmen, was ihnen aber wegen des angeschwollenen Kehlkopfes schwerfällt. Sie können aus Atemnot sogar blau anlaufen. Dann muss sofort der Notarzt alarmiert werden.

In beiden Fällen ist es wichtig, dass die Kinder möglichst schnell zur Ruhe kommen und ihre Angst vor dem Ersticken verlieren. Zwar sind in beiden Fällen Infektionskrankheiten beteiligt, doch kann man den Anfällen durch eine positive Lebenseinstellung und die Stärkung der Abwehrkräfte so weit vorbeugen, dass die Anfälle seltener werden und weniger schwer verlaufen. Darauf zielt das Heilgebet.

Gebet

Lieber Gott, lass mich bitte nicht
ersticken.
Ich bekomme kaum Luft,
mein Hals ist wie
zugeschnürt und ich habe große Angst,
dass ich sterben muß.

Ach, lieber Gott, mache Du meinen Hals
wieder weit,
nimm meine Angst weg.
Denn ich muss mich ja gar nicht
fürchten, weil Du bei mir bist und
mich in Deinen Händen hältst.

Du bläst mir voller Kraft
ganz gleichmäßig Luft ein.
Und deswegen kann ich jetzt
ruhig werden
und ich bekomme wieder Mut.

Ich weiß, dass diese böse Krankheit
mir nur Angst einjagen will.
Doch Du, lieber Gott vertreibst diese
Angst,
damit ich immer weiß: Mir kann nichts
passieren.

Und dafür, danke ich Dir ganz herzlich,
lieber Gott.

Für kranke Kinder beten

Kinder leiden zwar unter Krankheiten momentan oft sehr stark, doch können sie glücklicherweise auch sehr schnell vergessen. Dazu brauchen sie natürlich viel Trost, Aufmunterung und Zuspruch durch ihre Eltern und andere Bezugspersonen. Gerade die Erwachsenen stehen allerdings oft hilflos am Krankenbett, wissen nicht, was sie tun können oder sollen. Gerade in einer solchen Situation sollten Sie ein Heilgebet als Fürbitte sprechen. Beten Sie so laut, dass das Kind es hören kann, wie Sie Ihre Sorgen und Hoffnungen vor Gott legen und vertrauen Sie auf die heilende Kraft des Gebets.

Gebet

Es sieht so krank und hilflos aus
und ich mache mir Sorgen um mein
geliebtes, krankes Kind.
Es kann sich nicht wehren, lieber Gott,
und nicht verstehen,
warum es krank und schwach ist,
warum es so leiden muss.

Ach, lieber Gott, mach die Abwehrkräfte
in seinem kleinen, zarten Körper so stark,
dass sie der Krankheit trotzen können.
Senke den Keim der Heilung
in mein Kind
und lass ihn schnell wachsen,
damit er die Krankheit überwinden
und mein Kind gesund machen kann.

Vater, ich stelle mein Kind unter
Deinen besonderen Schutz. Hilf ihm,
dass es bald wieder aufstehen,
spielen und unter seinen Kameraden sein
kann.

Ich danke Dir, dass Du
Deine schützende Hand
über mein hilfloses Kind hältst und es
nicht alleine läßt. Das macht auch mich
wieder zuversichtlich und froh.

Gebete selbst formulieren

Als die Jünger Jesus Christus einmal baten: „Herr, lehre uns beten", sagte er zu ihnen: „Wenn ihr betet, so sprecht: Vater, geheiligt werde dein Name, es komme dein Reich. Unser tägliches Brot gib uns Tag für Tag. Und vergib uns unsere Sünden, denn auch wir vergeben jedem unserer Schuldner. Und führe uns nicht in Versuchung" (Lk 11, 1–4). Der Evangelist Matthäus hat in seinem Bericht von der Bergpredigt die weiter gehende Fassung des Gebetes überliefert, das Christus den Menschen sozusagen als Muster an die Hand gab.

Dieses Vaterunser ist das Gebet der Christenheit schlechthin. Es ist die umfassende Anrufung Gottes, seine Lobpreisung und die Bitte um seinen Beistand, seine Führung in allen Lebenslagen. Von daher hat es auch durchaus seinen Sinn, das Vaterunser in jeder Situation zu beten. Auch Kranke sollten es sprechen, eventuell vor oder nach ihrem persönlich formulierten Gebet.

Viele Menschen haben bestimmte Gebete, beispielsweise ein Tisch- oder Nachtgebet auswendig gelernt. Diese Gebete sind meist von Geistlichen oder von gläubigen Dichtern formuliert. Sie sind oft sehr anschaulich verfasst, jedes einzelne Wort ist ganz gezielt gewählt, die Sätze sind bewußt konstruiert. So entstanden Gebete, die man getrost auch als poetische Kunstwerke bezeichnen kann.

Sie strahlen eine faszinierende, tiefe und kraftvolle Gläubigkeit aus, ihre Worte symbolisieren die harmonische Einheit des Beters mit Gott und seiner Schöpfung.

Allerdings erschließen sich diese Gebete vielen Menschen erst, wenn sie längere Zeit über sie meditieren und versuchen, den Sinn der Worte mit ihrem Herzen zu fassen. Dies soll keineswegs eine Abwertung sein. Denn gerade das meditative Erfassen und Verinnerlichen verleiht einem Gebet seine wahre und vollkommene Kraft. Nur wer sein Gebet meditiert, kann es wirklich „mit Leib und Seele“ sprechen und „plappert nicht wie die Heiden, die sich einbilden, dass sie erhört werden, wenn sie viele Worte machen“ (Mt 6,7).

Manche Menschen finden aber zu solchen vorformulierten Gebeten einfach keinen Zugang. Sie können oder wollen den kunstvollen Formulierungen nicht folgen. Die Sprache dieser Gebete ist ihnen einfach zu „abgehoben“, zu altertümlich und fremd.

Auch den Wünschen dieser Menschen – es dürften wohl vor allem auch die jüngeren Beter sein – soll dieses Buch Rechnung tragen. Die Gebete sind bewusst in einer – gepflegten – Umgangssprache gehalten. Diese Sprache soll Ihnen Mut machen. Nehmen Sie Gottes Versprechen ernst: „Bittet, so wird Euch gegeben“ und formulieren Sie Ihre Gebetsanliegen selber, tragen Sie ihm vor, was Sie bewegt und belastet. Es kommt nicht darauf an, welche Worte und Sätze Sie für Ihr Anliegen finden. Wichtig ist einzig und allein, dass Sie im glaubenden Vertrauen Gott zu Ihrem Helfer, ihn zum Mitwisser Ihrer Sorgen und Nöte machen. Denn er hat versprochen: „Rufe mich an in der Not, dann will ich dich retten."

Wenn Sie Ihr persönliches Heilgebet formulieren, dann sollten Sie sich überlegen, wem Sie Ihr Anliegen, die Bitte um Heilung anempfehlen wollen. Sie können als „erste Adresse" die Muttergottes oder einen Heiligen wählen, wenn Sie sich beispielsweise auf einer Wallfahrt befinden. Oder Sie wenden sich an Ihren Namenspatron sowie an den Heiligen, der für Ihre Krankheit „zuständig" ist. Wenn keiner dieser Heiligen Sie besonders anspricht, so dass Sie sich ihm besonders verbunden fühlen, können Sie natürlich auch Gott selber, Jesus Christus oder den Heiligen Geist anrufen.

Wer betet, hat Vertrauen in Gott und weiß, dass er Hilfe erhalten wird, auch wenn er nicht weiß, wie diese Hilfe konkret aussieht. Wer weiß, dass ihm geholfen werden wird, der sollte auch nicht vergessen, den Dank und die Lobpreisung Gottes in sein Gebet von Anfang an einzuschließen. Diese Elemente sollten unverzichtbare Bestandteile jedes Gebetes sein. Dieser vorweggenommene Dank hat auch einen wichtigen Rückkoppelungseffekt für die Betenden. Er wird unmittelbar mit den Bitten meditiert, setzt sich also unlöschbar fest und verstärkt die Gewißheit noch mehr, Hilfe zu erhalten. In einer solchen positiven Grundstimmung können logischerweise die Selbstheilungskräfte von Körper, Seele und Geist besonders erfolgreich wirksam werden.

Wenn Sie Ihr Gebet formulieren, dann schildern Sie ruhig all Ihre Sorgen und Nöte, beklagen Sie die Schmerzen, die Sie quälen, die Hilflosigkeit und die

Unmöglichkeit, erkrankte Körperteile zu nutzen oder Ihre Ungeduld, ans Bett gefesselt zu sein. Erzählen Sie Gott auch von Ihrer Wut, Ihrer Angst, von den Hoffnungen und Enttäuschungen, die Sie in Ihrer Krankheit durchmachen.

Es ist sehr erleichternd und hilfreich, wenn man all diese Dinge vor Gott legen und sie sozusagen loslassen kann. Sprechen Sie Gott gegenüber aus, um welche Fragen, Sorgen und Probleme Ihre dunklen Gedanken oft stunden- und tagelang kreisen, wie sie versuchen, mehr und mehr Besitz von Ihnen zu nehmen.

Erzählen Sie im Gebet aber auch von Ihrer Hoffnung. Stellen Sie sich vor, wie Ihr Leben nach Ihrer Heilung aussehen wird, wenn weder Schmerzen noch Gebrechlichkeit Sie plagen. Gerade Bilder, die Sie sich möglichst anschaulich und konkret vorstellen, setzen sich bald im Unterbewußtsein fest und werden als Heilungskraft wirksam.

Scheuen Sie sich nicht, sehr anschaulich und bildlich über die Beschwernisse Ihrer Krankheit, aber auch über Ihre Hoffnungen zu sprechen. Je deutlicher Sie dies ausführen, desto gezielter können auch die Selbstheilungskräfte wirksam werden.

Wenn Sie in glaubendem Vertrauen auf Gott beten, dann können Sie nichts „falsch“ machen. Auch wenn Ihnen Ihre eigenen Worte ungeschickt erscheinen, Sie das Gefühl haben, in Ihren Wünschen zu unbescheiden oder zu fordernd zu erscheinen oder Sie überhaupt mit dem Beten zögern, weil Ihnen Gott bisher gleichgültig gewesen ist – tragen Sie all Ihre derartigen Bedenken vor Gott.

Wer immer sich Gott nähert, den wird er annehmen und nicht abweisen. Gott wird es auch verstehen, wenn man an ihm seine Zweifel hat oder mit der Frage nicht fertig wird: „Warum gerade ich?" Auch diese Probleme gehören durchaus in ein Heilgebet. Denn durch das Beten wird man intensiver über diese Fragen nachdenken, sich auch öffnen für Antworten und Lösungen, die von Gott kommen und auf diese Weise ebenfalls Hilfe, Hoffnung und Trost finden.

Wenn Sie Menschen haben, denen Sie auch Ihre persönlichsten Gedanken anvertrauen, dann sollten Sie nach Möglichkeit mit ihnen zusammen beten. Umgekehrt sollten Sie es kranken Menschen, denen Sie nahestehen, auch anbieten, mit ihnen und für sie zu beten. Denn die Gemeinschaft im Gebet ist eine unglaublich starke und heilende Kraft.

Register